स्वाधीन भारत के राजनीतिज्ञ संतों के

विचार- अमृत

संपादन

प्रो. पुष्पिता अवस्थी

डायमंड बुक्स

www.diamondbook.in

प्रकाशक : डायमंड पॉकेट बुक्स (प्रा.) लि.
X-30, ओखला इंडस्ट्रियल एरिया,फेज-II
नई दिल्ली-110020
फोन : 011-40712200
ई-मेल : sales@dpb.in
वेबसाइट : www.diamondbook.in
संस्करण : 2024
मुद्रक : रेप्रो (इंडिया)

Swadheen Bharat Ke Rajnitigya Santon Ke Vichar- Amrit
by *Prof. Pushpita Awasthi*

सम्प्रदाय संगठनप्रधान और संख्या-प्रधान होता है। उसमें न सदाचार होता है, न मुक्ति होती है, न ईश्वर होता है।

-दादा धर्माधिकारी

भावोद्गार

दादा धर्माधिकारी एक व्यक्ति से अधिक व्यक्तित्व थे- सर्वोदय-दर्शन के जीवन्त प्रतीक पुरुष! जीवन-समर्थक गतिविधियों के प्रति समर्पित दादा ने अनासक्त- योग की ऐसी प्रबल साधना की, कि सांसारिक स्वार्थों से परे होकर सर्वोदय के पहरुए के रूप में आजन्म खड़े रहे। शास्त्र-साहित्य के अध्येता, राजनीतिक विचारों के मर्मज्ञ विद्वान दादा की वार्ताओं में जीवन-सार सूक्तियों के रूप में सतत प्रवाहित होते रहे। उनके चिन्तन पर ज्ञान का कोई बोझ न था। दादा की राजनीतिक समझ बहुत सूक्ष्म और निर्भयता की थी। गांधीवाद को दादा ने व्यापक सारग्राही अवस्था प्रदान की। विनोबा की सोच को बड़े पैमाने पर विस्तार दिया। जयप्रकाश नारायण की 'सम्पूर्ण क्रान्ति' के तात्त्विक अन्वेषक और विश्लेषक रहे।

विचार मानस की निर्मिति है। मानस विचारों का जनक है। दादा धर्माधिकारी ने अपने संक्रमणकालीन समय में भारतीय संस्कृति और ज्ञान से विचारों की धारा प्रवाहित की। प्रस्तुत है लोक-पुरुष दादा के विचारों की सूक्तियाँ, जो आगामी सदी के लिए बुनियादी तालीम प्रदान करती हैं।

-प्रो. पुष्पिता अवस्थी

वरुणा की शान्त कछार से...

सम्पूर्ण भारत में मुझे वरुणा की शांत कछार की शांति अनुभव होती है क्योंकि वह ऋषियों-मनीषियों की धरती है। शब्दों का प्रकाश, तब तलक विश्व को आलोकित करता है। जब तक शब्द जीवित रहता है। भारत सृजन की परम्परा में जिन मनीषी संतों का वरुणा योगदान है उनके विचार अमृत का संकलन प्रस्तुत है।

वरुणा की शान्त कछार (कवि जयशंकर प्रसाद की पंक्तियाँ) और गंगा के आदि केशव घाट जहाँ विष्णु जी की प्राचीन काले पत्थर में प्रतिमा है और शिवलिंग पर जल अर्पण का प्रावधान है। शत्रुओं से मुक्ति दिलाने वाले गणेश जी की विशेष प्रतिमा है आदि केशव घाट के पीछे 'चन्दन शहीद' की मज़ार है और उसके सामने गंगा वरुण का संगम है। इन दोनों के बीच से रास्ता है- जहाँ वसंत महिला महाविद्यालय, जे. कृष्णामूर्ति प्रज्ञा परिषद है, जिसके और आगे बढ़ने पर सर्वोदय और गाँधी विद्या संस्थान है।

काशी के अन्तिम आदि केशव घाट का नाम 2023 में नमो घाट रखा गया और उसका जीर्णोद्धार हुआ। यह चारों संयोग की मैंने संगति का विनियोग मेरे व्यक्तित्व में है। मैंने काशी में रहकर संस्कृत भाषा और भारतीय संस्कृति की आदि शक्ति की आदि केशव घाट के पिछवाड़े स्थित छात्रावास में रहकर साधना की। 35 वर्षों तक इसी गांगेय तट पर रहकर यहीं के खेतों के फल, सब्जी, अनाज और गंगा जल से पली बढ़ी। मेरा तन-मन और मानस इसी गांगेय संस्कृति से बन गया। जिस तरह गंगाजल विश्व में कहीं भी ले जायें उसमें कीड़े नहीं पड़ते यह सड़ता नहीं है, रंग नहीं बदलता है वैसे ही मेरे व्यक्तित्व में भारतीय संस्कृति की अस्मिता का प्रभाव है क्योंकि उसमें गांगेय शक्ति का अक्षय योग है।

काशी स्टेशन से चार सौ मीटर की दूरी पर स्थित शेरशाह सूरी रोड, ग्रान्ड ट्रंक रोड, जिसे जी.टी. रोड कहते है। जी.टी. रोड से यदि गंगा के पुल की ओर मुंह करके खड़े हो तो दाहिनी ओर काशी स्टेशन, बायीं ओर जाती हुई सड़क पर- 2022 तक गांधी विद्या

संस्थान वसंत महिला महाविद्यालय, सर्वोदय के बोर्ड मिल जाते थे अब सिर्फ महिला महाविद्यालय और यूनियन बैंक का बोर्ड है।

2023 में मई-जुलाई माह में सर्वोदय और गाँधी विद्या संस्थान को बुलडोजर से तहस-नहस कर दिया गया। सर्वोदय कार्यकर्ता की जगह पुलिस की वर्दियों के लोग लाठी सहित आ गए। लेकिन गाँधी जी और उनके कार्यकताओं के लगाये हुए वृक्ष खड़े थे। जैसे सब कुछ तहस-नहस हो जाने के बाद विचार-व्यक्ति में बचे रहते हैं और वही शक्ति होते हैं।

मेरा विद्यार्थी जीवन और किशोर काल काशी के राजघाट स्थित जे. कृष्णमूर्ति शिक्षण संस्थान में अध्ययन और अध्यापन के दौरान व्यतीत हुआ। उसी की प्राचीर से संलग्न लोकनायक जयप्रकाश नारायण जी द्वारा संस्थापित गाँधी विद्या संस्थान उसका पुस्तकालय और सर्वोदय का विशाल ऐतिहासिक प्रांगण है। जहाँ के वैचारिक परिसर और गाँधी दर्शन की समझ मिली। देश के आज़ाद होने के बावजूद देश की पराधीनता से मुठभेड़ किये हुए और स्वतन्त्रता सेनानियों और शहीदों के परिवारों, मित्रों का वहाँ आना जाना लगा रहता था। आज़ादी मिलने के बावजूद आज़ादी के संघर्षों का दर्द लोगों के आने जानें, कहने में महसूस होता रहता था। पराधीनता की पीड़ा, गुलामी का दर्द सर्वोदय के परिसर में, सर्वोदयी द्वारा अनुभव होता रहता था। उसी क्रम में सर्वोदय प्रकाशन की बहुत भूमिका रही जिसने भारतीय संस्कृति, गाँधी और गाँधी जी के अनुयायियों की किताबें पढ़ने को मिली गाँधीजी की आत्मकथा के साथ अनगिनत महापुरुषों की कथाएँ पढ़ने को मिली। वैचारिक क्रान्तियों के उन्माद से युवा चित्त बोखलाया रहता था। उस क्रम में राजनीतिक उथल-पुथल और सम्पूर्ण क्रांति आगमन के सर्वोदय की धरती में नई अंगड़ाई की अनुभूति की थी। काशी स्टेशन और जी. टी. रोड बसों, कारों टैक्सियों से लोगों का आना जाना लगा रहता था। स्वतंत्रता के बाद राष्ट्र का स्वतंत्रता के लिए यह धरती तीर्थ स्थली हो गयी थी। जिस तरह तीर्थ स्थानों में भीड़ रहती थी वैसी ही भीड़ का सैलाब काशी के सर्वोदय राजघाट में देखने को मिलता था।

लोकनायक जयप्रकाश जी से दिग्गज विचारक मिलने आते थे। वरुणा की शान्त कछार गाँधी विद्या संस्थान के अतिथि गृह में बदली हुई थी। जहाँ अहिंसा से वैचारिक क्रांतियों की नीतियाँ बन रही थीं जिनकी जरूरत अब पूरे विश्व में वैसी अनुभव हो रही है लेकिन अब वैसे लोग नहीं है। जो अपने पीछे चलने वाले लोगों का हुज़ूम पैदा कर सके।

मैंने गाँधी के अनुयाईयों में उनके सचिव महादेव देसाई के सुपुत्र श्री नारायण भाई देसाई और उनकी पत्नी उत्तरा देसाई और उनके परिवार को वर्षों देखा और उनके बीच रही। इसके बाद भूदान आन्दोलन कर्ता बाबा विनोबा और सम्पूर्ण क्रान्ति के नेतृत्व कर्ता

लोकनायक जयप्रकाश नारायण जी को इनके निकटस्थ लोगों को, परिवार के मित्रों को बहुत करीब से देखा। राष्ट्र हित के लिए अपना सबकुछ कैसे और क्यों छोड़ देने की लहर मन में जाग उठती है। यह हालात देखे। मेरे पिता डॉ. राजेन्द्र कुमार अवस्थी गाँधी विद्या संस्थान में निदेशक रहे इसलिए गांधीवादियों, जयप्रकाश समर्थकों विनोबा जी के अनुयाइयों का घर में ताँता लगा रहता था। मेरे पिता बहुत प्रसिद्ध फोटोग्राफर थे। इसलिए जहाँ मैं नहीं जा पाती। उनकी तस्वीरें जब पिता के सूटकेस में देखती तो पूछती, एलबम बनाती, नेगेटिव सहेज रखती। जरूरत होने पर पोजेटिव खोजती जिनका वास्तविक पोजेटिव अब दिमाग और व्यक्तित्व में तैयार हो रहा है।

किशोरवय में ही लोकनायक जयप्रकाश जी से मिली थी। शाम की चाय के बाद हम बच्चों से वे बातें करने के लिए बुलवा लेते थे। बाद में अनुमान मिल जाने पर मैं स्वयं ही उनके चाय के बाद के समय होने पर उनके कमरे के आस-पास हो लेती थी। वे अपने बचपन के संस्मरण याद करते हुए बातें करते थे। लेकिन मैंने अनुभव किया वे अपने परिधान को लेकर सावधान रहते थे। खड़े होते समय अपने पतलून की क्रिच का विशेष ध्यान रखते थे।

देश समर्पित बा, कस्तूरबा को तो नहीं देखा लेकिन प्रभावती जी से भी मिलने और दर्शन करने का सौभाग्य मिला। जब प्रभावती जी पर किताब पढ़ी। उसी समय उनसे मिलने का अवसर मिला। मुझे याद है उनसे मिलने के बाद फिर उनकी किताब पढ़ी। और दुबारा वही किताब पढ़ते हुए बहुत रोमांच हुआ। प्रभावती जी लोकनायक का बहुत ख्याल रखती थीं। मुझे याद है काशी स्टेशन से जब वे ट्रेन से जाते थे, हम सब उन्हें छोड़ने जाते थे। पूरी एक फर्स्ट क्लास की बोगी बुक होती थी। ऐसा याद आता है। प्रभावती जी उनकी जरूरत का तकरीबन सभी सामान लेकर चलती थीं।

'गाँधी विद्या संस्थान' के विशेष वैचारिक सम्मेलनों में भारत से लेखकों और अन्य राजनीतिक लोगों को बुलाया जाता था। वहीं मेरी मुलाकात जैनेन्द्र जी और अज्ञेय जी से पहली बार मुलाकात हुई। नेपाल के प्रधानमंत्री कोइराला जी, उनकी पत्नी से वहीं मुलाकात हुई। ऐसे अवसरों पर वसंत महिला महाविधालय से सांस्कृतिक कार्यक्रम होते थे, जिसमें मेरी भागीदारी रहती थी। इस तरह से वैचारिक ताना-बाना की भूमिका किशोर वय में बनी।

युवावस्था में आते ही इन विचारों ने मेरे मानस को तपाना शुरू कर दिया था मेरे लेखन में वह आँच मुझे अनुभव होने लगी थी। 1999 में मुझसे दादाधर्माधिकारी के विचारों के सुभाषित तैयार करने का प्रस्ताव आया और मैंने सहर्ष ही डायरी के लिए उनके सम्पूर्ण चिन्तन

साहित्य से 365 सुभाषित चयन कर उसे तैयार किया। बाद में सर्वोदय द्वारा दादाधर्माधिकारी के विचारों की मेरे नाम से सम्पादित पुस्तक भी प्रकाशित हुई जिसके कुछ अंश संकलित हैं और इसी तरह आगे चलकर जयप्रकाश जी के विचारों का संकलन तैयार किया।

इस पुस्तक को तैयार करते हुए इन महापुरुषों के संस्मरणों से गुजरना हुआ। उनके चिंतन के विचारों को पुस्तक में संकलित करने में डायमंड के प्रकाशक श्री नरेंद्र भाई की महत्वपूर्ण भूमिका है। स्वाधीनता के अमृतकाल में विचारों की इस पुस्तक का आना वर्तमान भारत को पुष्प स्तवक भेंट करने का सरीखा है।

- प्रो. पुष्पिता अवस्थी

विषय सूची

आचार्य दादा शंकर त्रिम्बक
धर्माधिकारी

जिस मनुष्य का व्यक्तित्व सम्पूर्ण होगा, वह पुरुष है तो उसकी विभूति में स्त्री-तत्व होना चाहिए और अगर वह स्त्री है तो उसकी विभूति में पुरुष-तत्व होना चाहिए। जो उभय तत्वसम्पन्न होगा, वही समग्र मानव होगा।

-दादा धर्माधिकारी

आचार्य दादा धर्माधिकारी

संक्षिप्त जीवन-वृत्त

जन्म: 18 जून, 1899 मूलताई (जिला-बैतूल, मध्यप्रदेश)

शिक्षा: मूलताई, होशंगाबाद - मेदिनीपुर से मैट्रिक पास किया, उसके बाद इंदौर और नागपुर में शिक्षण प्राप्त किया।

सन् **1920** में म० गांधी के आदेशानुसार मॉरिस कॉलेज, नागपुर से पढ़ाई छोड़ दी।

1935 तक नागपुर के तिलक राष्ट्रीय विद्यालय में शिक्षक, (उसी समय विनोबाजी से मुलाकात)।

1926 में एक साल तक शंकराचार्य की वेदान्तिक कृतियों का गहन अध्ययन प्रस्थानत्रयी, मूलताई में।

1930 से **1932** तक कांग्रेस के प्रत्येक आन्दोलन में जेल गये।

1935: पिताजी का देहान्त।

1935 से गांधी सेवा संघ से सम्बद्ध होकर राष्ट्र-भाषा प्रचार, खादी- विचार-प्रचार आदि कार्य वर्षों तक किया।

1938: **'सर्वोदय मासिक'** का सम्पादन।

1942: भारत छोड़ो आन्दोलन में कारावास।

1945: म० गांधी के आदेशानुसार मध्य-प्रदेश के विधान-सभा सदस्य, परन्तु सत्ता का पद लेने से इन्कार किया, संविधान-सभा के सदस्य रहे।

1949: पुनः 'सर्वोदय' मासिक का सम्पादन।

1951: भूदान आन्दोलन में सक्रिय सहयोग-पदयात्र की, भूदान-पत्र साप्ताहिक पत्रिका का सम्पादन किया।

1957: कालड़ी सर्वोदय सम्मेलन के अध्यक्ष।

हिन्दी की सेवा के लिए राष्ट्र-भाषा पुरस्कार से सम्मानित।

संस्था-संगठन आदि के पदों एवं राज्य-सत्ता से अलग रहने का संकल्प। गांधी - शताब्दी में दूतावास के निमंत्रण पर नेपाल में भाषण के लिए प्रवास। पदम् श्री, पदम् विभूषण आदि उपाधियों तथा नागपुर विश्वविद्यालय का डी॰ लिट॰ अलंकरण स्वीकार करने से सविनय इन्कार।

'सामान्यत्व' कायम रखने के लिए सरकारी या गैर-सरकारी किसी भी विशिष्ट स्थिति या भूमिका को जीवन में कभी स्वीकार नहीं किया।

गांधी-विचार का अध्ययन, चिन्तन-मनन एवं लेखन, गांधी-विचार के श्रेष्ठ भाष्यकार।

विभूतिपूजा एवं ग्रंथ-प्रामाण्य को अस्वीकारते हुए विचार-निष्ठा और विचार-प्रक्रिया की दृष्टि से विशेष योगदान।

सम्पूर्ण जीवन में लोकशक्ति, लोकनीति पर निष्ठा एवं म॰ गांधी के विचारों की सतत साधना।

स्त्री-शक्ति तथा स्त्री-पुरुष सहजीवन के क्षेत्र में विशेष चिन्तन-मनन-लेखन।

लोकनायक जयप्रकाश नारायण के सम्पूर्ण क्रान्ति आन्दोलन में सक्रिय सहयोग।

1975 में अस्वस्थ होने के बावजूद इमरजेन्सी का विरोध करते हुए तत्कालीन प्रधानमंत्री श्रीमती इंदिरा गांधी और विनोबा जी को पत्र लिखे।

सर्वोदय- विचार को ठोस अवदान।

सर्वोदय-दर्शन आदि विषयक कई महत्त्वपूर्ण ग्रंथ प्रकाशित।

हिन्दी, मराठी, अंग्रेजी के अलावा गुजराती, मलयालम आदि भाषाओं में भी अनुवाद प्रकाशित।

26 मई, सन् 1973 को पत्नी दमयंती बाई का निधन, (उन्होंने भी व्यक्तिगत सत्याग्रह तथा भारत छोड़ो आन्दोलन में हिस्सा लिया और जेल गयीं। उसी दौरान उनका मानसिक सन्तुलन गड़बड़ा गया था।)

आखिर तक चिन्तन, मनन और अध्ययन चलता रहा।

मानवता एवं राष्ट्रीयता के लिए समर्पित सच्चे गांधीवादी।

1985 में 1 दिसम्बर को सेवाग्राम अस्पताल में मृत्यु, ब्रह्म विद्या मंदिर, पवनार में अंतिम संस्कार।

अंतिम संस्कार के बारे में विशेष निवेदन- **जहाँ मेरी मृत्यु हो, वहीं या नजदीक की किसी जगह शरीर का दहन किया जाय। बिजली से दहन की व्यवस्था हो तो वहीं दहन हो। शव कंधे पर न ढोया जाय। शव का जुलूस न हो। श्मशान में भाषण वगैरह**

न हो। शव को किसी विशेष जगह न ले जाया जाये, जहाँ मरण उसी के आसपास दहन। बाहर से किसी को बुलाया न जाय। दहन में चंदन, कपूर, घी का उपयोग न हो। किसी तरह का स्मारक न हो। शोक-सभाएँ न की जायें।

अंतिम संस्कार- मानसकन्या तारा भागवत ने, तीनों सुपुत्रों की उपस्थिति में विशेष निवेदन के अनुसार अंतिम संस्कार किया।

विमला ठकार के शब्दों में '**दादा सामान्यजनों के चक्रवर्ती थे**।'

जीवन परिचय :

आचार्य दादा शंकर त्रिम्बक धर्माधिकारी का जन्म 18 जून, 1899 को मध्यप्रदेश के जिला बैतूल के मुलतापी में हुआ था। आपके दादा जी वेदों के ज्ञाता थे और परिवार अपनी विद्वता के साथ-साथ वेदांत के अध्ययन के लिए प्रसिद्ध था। आपके पिता टी.डी. धर्माधिकारी जिला और सत्र न्यायाधीश थे। वह अस्थिरता, सत्यनिष्ठा और ईमानदारी के लिए जाने जाते थे।

प्रकांड विद्वान :

शंकर त्रिम्बक धर्माधिकारी, जिन्हें आचार्य दादा धर्माधिकारी के नाम से जाना जाता है। उन्हें आधुनिक काल महात्मा विदुर माना जाता है। आप किशोरावस्था से ही महात्मा गांधी से प्रभावित थे। गांधी जी के नेतृत्व में स्वतंत्रता संग्राम में शामिल हो गए।

विवाह :

उनका विवाह दमयंती बाई से हुआ। उनकी पत्नी दमयंती बाई भारत छोड़ो आंदोलन और जेल में भी उनकी साथी थीं। दादा धर्माधिकारी के चार संतानें थी। एक बेटी और तीन बेटे। उनकी सबसे बड़ी बेटी की शादी एक एडवोकेट से हुई थी। दूसरी संतान बेटा प्रद्युम्न था। बेटा भी स्वतंत्रता सेनानी था और एक आम आदमी की तरह जीवन जीता था। उनकी तीसरी संतान यशवन्त शंकर धर्माधिकारी नामक पुत्र ने मध्य प्रदेश के महाधिवक्ता के रूप में कार्य किया और उनके सबसे छोटे पुत्र चन्द्रशेखर शंकर धर्माधिकारी ने बंबई उच्च न्यायालय के न्यायाधीश के रूप में कार्य किया।

शिक्षा :

उन्होंने इंदौर क्रिश्चियन कॉलेज और बाद में नागपुर के मॉरिस कॉलेज से पढ़ाई की। शंकर त्रिम्बक धर्माधिकारी जब नागपुर में शिक्षा ग्रहण कर रहे थे तब उसी समय महात्मा गाँधी ने 'असहयोग आन्दोलन' प्रारम्भ कर दिया। इस समय दादा धर्माधिकारी ने शिक्षा

छोड़ दी और विद्यालय त्याग दिया। उन्होंने औपचारिक शिक्षा की कोई डिग्री नहीं ली थी। ऐसा नहीं है कि वह अध्ययन करना नहीं चाहते थे। उनकी रूचि पौराणिक ग्रंथों में थी। अतः उन्होंने आदि शंकराचार्य के वेदांत कार्यों का अध्ययन करने में एक वर्ष बिताया। फिर स्वाध्याय से ही अपने समय के विचारकों में महत्वपूर्ण स्थान बना लिया था।

गतिविधियां :

दादा धर्माधिकारी ने 'तिलक विद्यालय', नागपुर में शिक्षक के रूप में कार्य आरंभ किया। वे स्वतंत्रता संग्राम में भी सक्रिय भाग लेते रहे। 1935 से वह वर्धा में जाकर रहने लगे। 'गांधी सेवा संघ' के वे सक्रिय कार्यकर्ता थे। दादा धर्माधिकारी का प्रमुख नेताओं से निकट का संपर्क था। 'भारत छोड़ो आन्दोलन' की गिरफ्तारी से छूटने पर वे मध्य प्रदेश असेम्बली के सदस्य और संविधान परिषद के सदस्य चुने गए थे। आचार्य विनोबा भावे के 'भूदान आन्दोलन' में भी उन्होंने आगे बढ़कर भाग लिया।

इतिहास पुरुष :

इतिहास सम्मत है कि महात्मा विदुर के पास कोई शक्ति नहीं थी। उनके पास कोई अधिकार नहीं था, उनके पास कोई संपत्ति नहीं थी। फिर भी हर कोई उनकी सलाह लेता था। ऐसी ही स्थिति दादा धर्माधिकारी की भी थी। उनके पास न सत्ता थी न कोई विशेषाधिकार था। उन्होंने कभी सत्ता या पद का लालच नहीं किया, धन, पद, उपाधियों का त्याग किया और उनकी एकमात्र संपत्ति मानवीय दया। यह सब होते हुए भी सभी लोग उनका आदर सम्मान करते थे और गंभीर विषयों पर विचार-विमर्श भी किया करते थे। दादा को जिन महान व्यक्तियों ने प्रभावित किया उनमें महात्मा गांधी, आचार्य विनोबा भावे, किशोरीलाल भाई मशरूवाला, जमनालाल बजाज और जे. कृष्णमूर्ति प्रमुख थे।

विचारक :

वह एक विचारक, दार्शनिक और बहुत अच्छे वक्ता और लेखक थे। एक समय ऐसा भी था कि देश के बड़े लोग मसलन महात्मा गांधी, आचार्य विनोबा भावे, जयप्रकाश नारायण आदि भी उनके साथ विभिन्न मुद्दों पर विचार-विमर्श किया करते थे। तत्कालीन सामाजिक, राजनीतिक आर्थिक और धार्मिक विषयों पर दादा धर्माधिकारी के विचार अत्यंत सारगर्भित रहे। सार्वजनिक जीवन के शुरुआती दिनों से ही उनके विनोबाजी से घनिष्ठ संबंध थे। दादा ने विनोबाजी के भूदान आंदोलन में भाग लिया। वह क्रांतिकारी और ओजस्वी वक्ता जयप्रकाश नारायण के साथ घनिष्ठ रूप से जुड़े हुए थे।

पदाधिकारी :

दादा धर्माधिकारी ने सीपी प्रोविजनल कांग्रेस कमेटी का नेतृत्व किया। 'भारत छोड़ो आन्दोलन' की गिरफ्तारी से छूटने पर वह मध्य प्रदेश विधान सभा में पहुंचे। संविधान सभा के सदस्य बने। संविधान सभा को अपने बहुमूल्य विचारों से अवगत कराया। सर्वोदय सम्मेलन के अध्यक्ष बने। दादा धर्माधिकारी 'गांधी सेवा संघ' के सक्रिय कार्यकर्ता थे।

आंदोलन और जेल :

उन्होंने गांधीजी द्वारा शुरू किये गये हर आंदोलन में हिस्सा लिया। उन्हें सन् 1930, 1932 और 1942 में जेल में डाल दिया गया। वह एक सच्चे गांधीवादी थे। मानवता के पुजारी थे। राष्ट्रवाद के लिए सदैव समर्पित रहे। वह ताउम्र सार्वभौमिक समस्याओं की प्रासंगिकता के साथ गांधीवादी विचारों के अध्ययन, विचार और प्रचार में लगे रहे। उन्हें गांधीवादी दर्शन के सर्वश्रेष्ठ व्याख्याकारों में से एक के रूप में सार्वभौमिक रूप से स्वीकार किया गया था। उनका दर्शन मानवीय मूल्यों पर केन्द्रित था।

नारी उत्थान के समर्थक :

मानवीय संबंध, युवाओं, महिलाओं का ज्ञान और समाज का संपूर्ण ज्ञान उन्हें था। दादा धर्माधिकारी ने अपना अधिकांश समय दलितों और महिलाओं के उत्थान में लगाया। वह चाहते थे कि महिलाएं और युवा पुरुष संपूर्ण क्रांति में भाग लें, ताकि जीवन के सभी क्षेत्रों में क्रांति लायी जा सके। महिलाओं की स्थिति पर उनके विचार क्रांतिकारी थे। उन्हें यह देखकर विशेष दुख हुआ कि उन्हें समान दर्जा प्राप्त नहीं है और उन्हें न केवल दोयम दर्जे का नागरिक माना जाता है, बल्कि दोयम दर्जे का इंसान भी माना जाता है।

दलितों का उत्थान :

दादा धर्माधिकारी ने अपने जीवन का लंबा समय दलितों और महिलाओं के उत्थान में लगाया। दादा वैचारिक क्रांति के पक्षधर थे। उनकी मान्यता थी कि समाज में परिवर्तन के लिए लोगों के विचारों में परिवर्तन आवश्यक है।

युवाओं के हिमायती :

उन्होंने समाज के हर वर्ग को सत्य, प्रेम, अहिंसा, ट्रस्टीशिप की गांधीवादी अवधारणाओं का व्याख्यान दिया। उनका मानना था कि युवाओं में क्रांतिकारी दिमाग होता है और इस देश और दुनिया का भविष्य उनकी सक्रिय भागीदारी पर निर्भर करता है। युवा विश्व की आशा है, समस्त मानवता के भावी वर्गहीन समाज का बीज है।

लेखक :

दादा का सबसे बड़ा योगदान उनकी किताबें, बातचीत ही नहीं बल्कि शुद्ध मानवीय स्पर्श भी है। जो कोई भी उनके या उनके लेखन के संपर्क में आया, वह मानता है कि उन पर सभ्यता का असाधारण प्रभाव था। उन्होंने विदेश जाने से परहेज किया, लेकिन यह उनका नुकसान था। उन्होंने विनोबा जी के साथ सर्वोदय आंदोलन की स्थापना की। मूल रूप से वे मराठी भाषा में अधिक लिखते थे। आपकी प्रमुख पुस्तकें हैं -

1. अहिंसक क्रांति की प्रक्रिया (हिंदी),

2. क्रांतिशोधक (हिंदी),

3. गांधीजी की दृष्टि (हिंदी),

4. गांधीजी की दृष्टि : अगला कदम (हिंदी, जर्मन),

5. नये युग की नारी (हिंदी),

6. मानवनिष्ठ भारतीयता (हिंदी, मराठी),

7. स्त्री-पुरुष सहजीवन (हिंदी, मराठी),

8. आपल्या गणराज्याची घडण (मराठी),

9. तरुणाई (मराठी),

10. दादा की बोध कथाएं (मराठीत, दादांच्या बोधकथा, भाग 1 से 3),

11. दादांच्या शब्दांत दादा, (भाग 1 से 2),

12. नागरिक विश्वविद्यालय : एक परिकल्पना (मराठी),

13. प्रिय मुली (मराठी),

14. मैत्री (मराठी),

15. युवा और क्रांति (मराठीत, क्रांतिवादी तरुणांनो),

16. लोकतंत्र : विकास और भविष्य (मराठी, लोकशाही विकास आणि भविष्य),

17. समग्र सर्वोदय दर्शन (मराठीत, सर्वोदय दर्शन) और

18. हिमालय की यात्रा (अनुवाद; मूळ गुजराती, लेखक दत्तात्रेय बालकृष्ण), आदि।

दादा धर्माधिकारी पर पुस्तकें :

आपके व्यक्तित्व और कृतित्व का समाज पर पूर्ण प्रभाव था। बुद्धिजीवी और विद्यार्थियों में आपकी एक विशेष पहचान थी। दादा धर्माधिकारी के व्यक्तित्व और कृतित्व को आधार बनाकर अनेक पुस्तकें लिखी गई। जिनमें प्रमुख हैं -

तारा धर्माधिकारी द्वारा संपादित - दादा धर्माधिकारी - जीवन दर्शन, तारा धर्माधिकारी द्वारा संपादित एवं संकलित - विचारयोगी - दादा धर्माधिकारी और तारा धर्माधिकारी कृत- स्नेहयोगी - दादा धर्माधिकारी, आदि।

बहुभाषी व्यक्तित्व :

आप हिन्दी, मराठी, गुजराती, बंगला, संस्कृत और अंग्रेज़ी भाषाओं के अच्छे ज्ञाता थे।

सम्मान :

हिंदी साहित्य में उनके बहुमूल्य योगदान के लिए उन्हें राष्ट्रभाषा प्रचार समिति के 'गांधी पुरस्कार' से सम्मानित किया गया। मानद निदेशालय या पद्मश्री या पद्मविभूषण पुरस्कार लेने से इंकार कर दिया क्योंकि वह एक अचिह्नित आम आदमी के रूप में जीना चाहते थे।

बहुमूल्य विचार :

इस देश में राष्ट्रीयता के मार्ग में तीन रुकावटें हैं। पहला है सप्रदाय, दूसरा है जाति और तीसरी भाषा, सप्रदाय का जनक। लोकतंत्र में भाषा का बहुत महत्त्वपूर्ण स्थान माना जाता है। भाषा को लेकर ही कितने झगड़े होते आये हैं। बंग-भंग के प्रसंग पर कितना तहलका मचा! बंगाली भाषा बोलनेवालों के दो टुकड़े? फिर बंगाल एक हुआ। फिर उसी बंगाल के साप्रदायिकता के आधार पर दो टुकड़े हुए। पंजाब के दो टुकड़े हुए। चण्डीगढ़ में सचिवालय के भी दो टुकड़े हुए हैं।

ईश्वर को मंदिर में बैठाया। मस्जिद में बैठाया। गुरुद्वारा और अगियारी में भी अलग-अलग ईश्वर हैं। इन सब जगहों पर जो ईश्वर 'कॉमन फैक्टर' हो गया, 'सामान्य तत्त्व' हो गया। गणित शास्त्र के अनुसार सामान्य तत्त्व कैंसल हो जाता है। तो बचे केवल मंदिर, मस्जिद, गुरुद्वारे, अगियारी, चर्च और उनके समर्थक, संरक्षक हिंदू, मुसलमान, सिक्ख, पारसी, ईसाई। इसमें से राष्ट्रीयता का विकास होगा, यह अपेक्षा कैसे की जा सकती है? यह अस्मिता नहीं है। व्यवच्छेदक अहंवाद है। यह मानवता की दृष्टि से 'नॉनकंडक्टर' है। इसमें मानवता का प्रवेश हो ही नहीं सकता। सबसे पहले जातिवाद और

सप्रदायवाद समाप्त होने चाहिए। यह निराकरण डण्डे के जोर से नहीं होगा दबाव से, दमन से नहीं होगा। दमन से मुसलमान भयभीत हो जायेंगे। जो भयभीत होगा वह अपने जैसे ही डरे हुए दूसरे लोगों में जाकर रहने की कोशिश करेगा। भयग्रस्त मनुष्य में पुरुषार्थ टिक नहीं सकता। हिंदू-मुसलमान दंगों में जो हिंसा होती है उस हिंसा की जड़ साप्रदायिक उन्माद में है और साप्रदायिक उन्माद की जननी जाति संस्था है। जिस समाज को मैं त्रस्त और परेशान होकर छोड़ देता हूं, वह समाज नष्ट ही हो जाना चाहिए, ऐसी मेरी मनोवृत्ति बन जाती है। इस देश में धर्मांतिरित अस्पृश्य, दलित जितने उग्र सप्रदायवादी हैं उतने उग्र दूसरे देशों के धर्मांतिरित लोग नहीं हैं। इस वास्तविकता की तरफ ध्यान दिया नहीं गया है। हमारी राष्ट्रीयता सोपाधिक है, निरुपाधिक नहीं। हिंदू राष्ट्रीयता, मुस्लिम राष्ट्रीयता, मराठी राष्ट्रीयता, गुजराती राष्ट्रीयता। खालिस राष्ट्रीयता है ही नहीं। ईश्वर सामान्य तत्त्व होने से 'कैंसल' हो गया। राष्ट्रीयता भी सब में सामान्य तत्त्व होने के कारण 'कैंसल' हो जाती है।

भाषा मनुष्य की विशेषता नहीं है वाणी है। वाणी ईश्वर प्रदत्त है। भाषा मनुष्य को सीखनी पड़ती है। माँ कहना भी बच्चे को सीखना ही पड़ता है। मम्मी बोलना भी सीखना पड़ता है। मातृभाषा जैसी कोई चीज़ मेरे ध्यान में नहीं आती है। भाषा तो समाज का निर्माण करती है। भाषा लोगों को मिलाने का काम करती है। आज मातृभाषा का दुराग्रह बढ़ रहा है। उसके कारण तमिल और पंजाबी मिलेंगे तो आमने-सामने खड़े होंगे। आलिंगन या कुश्ती और कुछ नहीं। विभिन्न भाषा-भाषी जब नज़दीक आयेंगे तब राष्ट्र बनेगा। यह कार्य एक ज़माने में संस्कृत भाषा ने किया संस्कृत पंडितों की भाषा थी। इस देश के भिन्न भाषी पंडितों को संस्कृत भाषा एक व्यासपीठ पर लायी। इसलिए वह 'देव वाणी' है। मेरी नहीं, तेरी नहीं, दोनों को निकट लाने वाली वह ईश्वर की वाणी है। यह कार्य संस्कृत के बाद इस देश में अंग्रेज़ी ने किया। हिंदी भाषा यह कार्य कर सकती थी लेकिन ऐसा नहीं हो सका। हम दक्षिण में गये मोटर में, तो लोग नाराज होकर आये। कहने लगे नम्बर प्लेट के नागरी आंकड़े हटा

दो। दूसरे की गाड़ी का नुकसान न हो इसलिए हमने वैसा किया। वहां से हम उत्तर की ओर गये। फिर लोग आये। कहने लगे, रोमन आंकड़े हटाओ।

सामान्य नागरिक सतत डरा हुआ, दबा हुआ है इसलिए यहां जनता है ही नहीं, लोगों का अभाव है। भीड़ यानी लोग नहीं। भीड़ की आत्मा तो होती ही नहीं। सिर होते हैं। 'मेरु' नहीं होता। भीड़ को छाती होती है, हृदय नहीं होता। भीड़ को इकट्ठा करने से आंदोलन होता है लेकिन ज़िम्मेवारी नहीं आती है। सरकार की भी आज यही स्थिति है। सत्ता है, शक्ति नहीं है और ज़िम्मेवारी तो उससे भी कम है। नेताओं की भी यही स्थिति है। भारतवर्ष के इतिहास में गांधी ही एक ऐसा शख्स हुआ, जिसे लोगों के दरबार में भी कभी खुशामद करने की ज़रूरत नहीं पड़ी। इस परिस्थिति में हम राष्ट्र को बनाना चाहते हैं तो क्षुद्र अहंकार की अस्मिताएं जो देश में पनप रही हैं, उन पर रोक लगानी होगी। हम ज़मीन चाहते हैं, वहां का मनुष्य नहीं चाहते। जहां मनुष्य की चाह नहीं है या मनुष्य गौण हो जाता है और ज़मीन मुख्य हो जाती है वह साम्राज्यवाद है। वह सिकंदर का हो, किसी समुदाय का हो या राष्ट्र का हो, वह है साम्राज्यवाद या विस्तारवाद।

राष्ट्रीयता का मुख्य लक्षण केवल एक-दूसरे के साथ रहने की तैयारी ही नहीं है, एक-दूसरे के साथ रहने की इच्छा है। भारत में भिन्न-भिन्न सप्रदाय एक-दूसरे के पड़ोस में रहे, एक-दूसरे के साथ नहीं रह सके। अब उसके लिए कुछ करना होगा। एक तो, धर्मांतरण निषिद्ध माना जाना चाहिए। सरकार की यह शक्ति नहीं है, लोकशक्ति द्वारा यह होना चाहिए। सभी धर्म सच्चे होंगे और समान होंगे तब एक धर्म छोड़कर दूसरे धर्म में जाने की ज़रूरत क्यों पड़ेगी? सप्रदाय निराकरण के लिए धर्मांतरण पर रोक लगनी चाहिए और धर्मांतरण बंद करना हो तो जाति नष्ट होनी चाहिए। और एक काम करना होगा। आनेवाले सौ-दो सौ वर्षों तक भिन्न भाषा बोलने वाले समाज, समुदाय एक साथ रह सकेंगे और एक ही माध्यम से शिक्षा प्राप्त कर सकेंगे, ऐसी व्यवस्था करनी होगी। जीवन का विकास लोगों के परस्पर सम्पर्क में है। प्रगति यानी एक-दूसरे की दिशा में प्रगति। इसी में से 'ग्लोबल विलेज' का निर्माण होगा। आज के इस यंत्र-युग में यह पूरा जगत् एक 'ग्लोबल विलेज' में परिणत होनेवाला है। समाजशास्त्रियों, अर्थशास्त्रियों और राज्यशास्त्रियों का आज यह आदर्श है। उनकी दिव्य दृष्टि यह देख रही है।

प्रारम्भ के तौर पर हर प्रांत में कम-से-कम एक विश्वनगर हो- 'कॉस्मॉपालिटन सिटी'। मुंबई शहर का स्वरूप पहले कुछ इस प्रकार का था। अब वह रहा नहीं। मुंबई में पारसी लोगों का नेतृत्व था। पारसियों में एक बड़ा गुण है कि उनका अपना कोई सप्रदाय नहीं, उनकी अपनी कोई भाषा नहीं। पारसी शुद्ध भारतीय नागरिक है। गुजराती भाषा बोलता होगा, गुजरात में रहता भी होगा, लेकिन यह मेरी गुजराती भाषा है और महागुजरात बनना ही चाहिए, ऐसी बात वह कभी नहीं कहेगा। बड़ौदा, इंदौर, बंगलूर, हैदराबाद भी काफी हद तक विश्वनगर थे। हमने कॉलेज के विद्यार्थियों ने, प्रोफेसरों ने, शिक्षकों ने, वाइन्स चान्सलरों, डॉक्टरों, वकीलों, आदि सुशिक्षित, सुसंस्कृत लोगों ने सच सोच-समझ कर, प्रयासपूर्वक उनका विध्वंस किया। इस प्रकार के विश्वनगरों की अत्यंत आवश्यकता है। इन नगरों में शिक्षा का माध्यम अखिल भारतीय होना चाहिए। प्रांतों से, भिन्न भिन्न नगरों से, भिन्न–भिन्न भाषा बोलने वाले शिक्षार्थी वहां एकत्रित हो जायें। एक साथ रहें। सह-जीवन में बहुत बड़ा जादू है।

दूसरी बात यह सुझाना चाहता हूं कि हर भाषा का कुछ हिस्सा दूसरी भाषा के प्रांत में शामिल करने का आग्रह रखा जाये। बेलगांव महाराष्ट्र में आये इसकी अपेक्षा वह कर्नाटक में रहे, ऐसा आग्रह क्यों न हो? वहां मराठी बोलने वाले और कन्नड बोलने वाला एकत्रित होने चाहिए। भाषायी अल्पसंख्यक कहीं-न-कहीं रहने ही वाले हैं। महाराष्ट्र में गुजराती अल्पसंख्यक, गुजरात में मराठी अल्पसंख्यक, बंगाल में असमी और असम में बंगाली अल्पसंख्यक। मनुष्य पर मेरा बहुत विश्वास है, उसके 'लेबल' पर विश्वास नहीं है। मनुष्य 'लेबल' से ऊपर उठ जाता है, यह मेरा अनुभव है। किसी ने कहा- 'मानवता को फांसी की सजा सुनायी गयी है, लेकिन मनुष्य जीवंत रहेगा।' तो उन्होंने कहा- 'मनुष्य मारा जा सकता है लेकिन वह पराजित नहीं किया जा सकता।' मनुष्य मर्त्य है लेकिन अजेय है। उसकी मानवता का विकास होना चाहिए।

इस भारतवर्ष में 'भारतनिष्ठ मानवता' पनपती है तो भारत का नाश होगा। मानवनिष्ठ भारतीयता का विकास होगा तो भारत का उद्धार होगा। मानवनिष्ठ भारतीयता का अर्थ है- भारत में रहनेवाला मानव मुझे प्रिय है, उसके साथ मैं इस भारतवर्ष में रहना चाहता हूं। उसके साथ मैं रह सकूं, ऐसी स्थिति होना चाहिए। ऐसी मानवनिष्ठ भारतीयता का आकार और उसकी व्यापकता कन्याकुमारी से हिंदूकुश तक और द्वारिका से सदियों तक की होगी। जिस नागरिक को ऐसा प्रतीत होगा कि इस भूमि पर रहनेवाला हर मनुष्य मेरा कोई लगता है उसका अपना आकार कितना (बड़ा) होगा! एवरेस्ट से भी ज़्यादा ऊंचाई होगी उसकी! मनुष्य अभियान से कहेगा कि पचास-साठ करोड़ लोगों में से मैं एक हूं तब उसका अहंकार

नहीं बढ़ेगा, उसकी आत्मा विशद होगी। इसे 'लोकात्मा' कहते हैं। इस लोकात्मा का आवाहन आज किया जाना चाहिए। आज ही करना होगा। आज का ही मुहूर्त है। सामान्य मनुष्य, जिसके पास शस्त्र नहीं, सत्ता नहीं, सम्पत्ति नहीं, लेकिन जिसके पास अंतःकरण का और बुद्धि का बल है, जिसके हृदय और बुद्धि, दोनों दुरुस्त हैं, ऐसे सामान्य मनुष्य को छोड़ और कोई त्राता अब है नहीं।

देहावसान :

1 दिसंबर,1985 को सेवाग्राम, वर्धा में उनका निधन हो गया। उनका जीवन उनका संदेश था- सभी से प्यार करो, भरोसा करना सीखो और किसी के साथ गलत मत करो।

❑

अनमोल वचन

अनमोल वचन

सर्वोदय

- सर्वोदय की प्रक्रिया का मध्यबिन्दु हृदय-परिवर्तन है। हृदय- परिवर्तन का आरम्भ अपने से होता है। दूसरों का हृदय परिवर्तन मेरे अपने हृदय परिवर्तन का प्रतिफल है।
- हृदय परिवर्तन का कोई अधिक निर्दोष और सक्षम साधन संसार की सबसे प्रधान तात्कालिक आवश्यकता है। वह साधन है सत्याग्रह या अहिंसक प्रतिकार की पद्धति। इस साधना का आधार आत्मबल है। इसलिए उसमें न तो शस्त्र की विषमता है, न शास्त्र की अपूर्णता और न विधानवाद की अक्षमता। बुद्धिबल की अपूर्णता का पूरक आत्मबल ही है।
- किसी बीमार आत्मीय की चिकित्सा करने के लिए जब चार वैद्य या डॉक्टर इकट्ठा होते हैं तो वे रोगी के हित का ही ख्याल रखते हैं न कि अपने श्रेष्ठत्व का। और फिर भी जिसको जो चिकित्सा शुद्ध और पर्याप्त मालूम पड़े उसी का वह आग्रह रखता है और फिर सिफारिश करता है। यही 'सर्वोदय' की भी निष्ठा है।
- कुछ नागरिकों के जीवन में यदि राज्यातीत अवस्था आयेगी, तो 'शासनमुक्त समाज' का विकास हम समाज में कर सकेंगे।
- हम दरिद्रता को ही अगर अपरिग्रह की मनोवृत्ति में बदल देते हैं तो आज जो हमारी 'विवशता' है वह हमारा अवसर बन जाती है।
- क्रान्ति का साधन मनुष्य स्वभाव के अनुकूल होना चाहिए। सभ्य वह है, जो दूसरे की सुविधा का विचार अपनी सुविधा से पहले करता है।
- दूसरों को जिलाने के लिए जो जीता है वह सभ्य कहलाता है।
- सर्वोदय - दर्शन का अर्थ यह है कि जितनी वस्तुएँ हैं वे सब हमारे जीवन की विभूतियाँ बनेंगी।

- सर्वोदय कोई मुनाफाखोरी या लाभवाद का सिद्धान्त नहीं है। वह दुकानदारी का सिद्धान्त नहीं, मकानदारी का सिद्धान्त है। उसकी बुनियाद सौदा नहीं, सेवा है_ प्रतिपादन नहीं, समर्पण है।
- रामराज का अर्थ है: सर्वजनराज।
- गांधी के नाम पर किसी पक्ष की प्रस्थापना करके सत्तावादी राजनीति में भाग लेना अत्यन्त अनुचित एवं अनिष्ट होगा।
- सहयोग का सिद्धान्त प्रेम का सिद्धान्त है। प्रेम ही जीवन का नियामक तत्त्व है।
- समाजवाद और साम्यवाद सर्वोदय के प्रतिस्पर्द्धी नहीं हैं। सर्वोदय इनका उत्तराधिकारी है।
- समझने और समझाने की क्रान्ति ही अहिंसक क्रान्ति है।
- गाँव की मालकियत की मर्यादा यह है कि गाँव चाहे भी तो जमीन को बेच या बिगाड़ नहीं सकता।
- सर्वोदय शब्द भले ही नया हो, पर उसका अर्थ है- 'सबका जीवन साथ-साथ सम्पन्न हो।'
- एक साथ समान रूप से सबका उदय हो, यही सर्वोदय का उद्देश्य है।
- मनुष्य का आदर्श उसकी पहुँच में होता है, उसकी पकड़ में नहीं। इसी में प्रगति के लिए अवसर है।
- सिर्फ 'गति' प्रगति, नहीं है। विशिष्ट दिशा में अग्रसर होना ही प्रगति है।
- मनुष्यमात्र को सुखी बनाने की दिशा में जो ले जाता है वह सदाचार है और उसके विरुद्ध जो ले जाता है वह 'दुराचार' है, 'अनाचार' है।
- मनुष्य का आदर्श इतना ऊँचा हो कि उसका सारा जीवन ही प्रगतिमय रहे।
- सर्वोदय का संकल्प अल्प नहीं है, महान् है। केवल महान् ही नहीं है, समग्र है।
- अच्छी राज्य-व्यवस्था की कसौटी यह है कि वहाँ अल्पसंख्यक सुखी हैं।
- किसी की असमर्थता का निराकरण ही आपके सामर्थ्य का प्रतीक है।
- मेरी क्षमता का विकास ही आपकी अक्षमता के निराकरण में है।
- अहिंसा के लिए कारण या कैफियत नहीं देनी पड़ती है। अहिंसा और प्रेम मनुष्य का स्वभाव है।
- सर्वोदय निरपेक्ष, शाश्वत और व्यापक मूल्यों की स्थापना करना चाहता है और बाधक मूल्यों का निराकरण करना चाहता है।
- गांधी ने हम सबको एक बहुत बड़े स्थान पर लाकर छोड़ा है कि सारे धर्मों को समान समझो।

साम्ययोग

- उत्पादन की प्रक्रिया से व्यक्तित्व के विकास का अर्थ यह है किं मनुष्य खो न जाय। उसकी विभूति का विकास होना चाहिए। मनुष्य की विभूति के तीन अंग हैं: श्रम, कला और बन्धुत्व या सहानुभूति। इन तीनों का विकास उत्पादन से होना चाहिए।
- यह जो साम्ययोगी विभूतियोग है, इससे जीवन संगीत बन जाता है और क्रान्ति एक ललित-कला बन जाती है। इसे हम जीवन का संवादित्व कहते हैं। क्रान्ति को हम एक ललित-कला में परिणत कर देते हैं।
- मनुष्य को प्रेम में आनन्द आता है, द्वेष में आनन्द नहीं आता है। संवाद में आनन्द आता है विवाद में आनन्द नहीं आता है।
- बुद्धि का धर्म संवाद की स्थापना है।
- जीवन की एकता ही पारमार्थिक सत्य है।
- जहाँ अनुभव का विषय आ जाता है, वहाँ अनुमान कुण्ठित हो जाता है।
- मनुष्य को एकता में आनन्द होता है और विषमता या विरोध में दुख होता है।
- सह-उपभोग में जो आनन्द है, उसका मूल्य सांस्कृतिक है।
- समन्वय का मतलब है, सबकी बात समझने को तैयारी।

सत्याग्रह

- अहिंसक प्रतिकार में निर्वैरता होती है। उसका लक्ष्य ही संसार से 'वैर' और 'युद्ध' का अन्त कर देना है।
- सशस्त्र धर्म-युद्ध में भी वैर का निषेध है।
- सत्याग्रह में वीरता होगी, संहार नहीं होगा। जहाँ वीरता है वहाँ क्रूरता नहीं हो सकती।
- सत्याग्रह विवशता का अस्त्र नहीं है, सत्याग्रह शस्त्रनिरपेक्ष वीरता का आयुध है।
- गांधी के सत्याग्रह में 'सत्य' अधिक होता था, 'आग्रह' कम होता था।
- गांधी के सत्याग्रह की आत्मा सभ्यता थी।
- जो समझने के लिए तैयार नहीं होगा, उसे समझाने का भी अधिकार नहीं।
- आग्रह हमेशा अहंकार के साथ जुड़ा होता है। तटस्थता तब आती है, जब अपने संस्कारों को अलग रख जाता है।
- अगर प्रक्रिया अहिंसक होगी, तो संख्या की तरफ नहीं, गुण की तरफ समाज मुड़ेगा।
- अहिंसात्मक प्रक्रिया को माननेवाला मनुष्य राज्य के नियंत्रण को नहीं मानता।
- सत्याग्रह में अहं प्रतिष्ठा नहीं हो सकती, आत्म-मर्यादा होती है।

- विनय और प्रेम न हो, तो सत्याग्रह नहीं हो सकता।
- सत्याग्रह किसी को अपमानित करना नहीं चाहता, उसमें विनय होती है।
- सत्याग्रह का आधार समझाना नहीं, मत परिवर्तन है।
- सत्याग्रही की बुद्धि तटस्थ होनी चाहिए। वह अपने विषय में यह निर्णय कर सके कि इस वक्त मैं जो कर रहा हूँ उसमें स्वार्थ नहीं, और विकार भी नहीं।
- विवशता को जिस दिन पुरुषार्थ में परिणत कर देंगे, उस दिन विवशता शक्ति में रूपान्तरित हो जायेगी।
- सत्याग्रह में 'प्रेशर' (दबाव) है और 'इन्फ्रल्युएन्स' (प्रभाव) भी।
- सत्याग्रह तो शुद्ध ही होना चाहिए।
- सत्याग्रह जन-शक्ति पर, लोक-शक्ति पर और हमारे पुरुषार्थ पर निर्भर है।
- बुद्धिबल जब भावनासम्पन्न हृदय की सामर्थ्य से संयुक्त हो जाता है तो वह आत्मबल में परिणत हो जाता है।
- आज सत्याग्रह की नीति समाज में सुप्रतिष्ठित हो गयी है और क्रान्ति की प्रक्रिया में उसका स्थान अब अविचल हो गया है।
- हमको किसी विचार की पराजय नहीं करनी है हमें तो सत्य तक पहुँचना है, जो मानवीय जीवन का सत्य हो सकता है।
- हृदय परिवर्तन की प्रक्रिया ही परिवर्तन की प्रधान प्रक्रिया है।
- लोकतंत्र में सत्याग्रह अवश्य हो सकता है। लेकिन जो लोग आपके साथ सत्याग्रह करें, वे उन्हीं को वोट दें, जिनके खिलाफ वे सत्याग्रह कर रहे हैं, तो वह सत्याग्रह की भूमिका नहीं है।

साध्य और साधन

- साध्य और साधन में साधर्म्य होना चाहिए।
- साध्यानुकूल साधन का ही नाम 'साधन-शुद्धि' है।
- परिस्थिति बदलने से अगर व्यक्ति बदल सकता है, तो फिर परिस्थिति पर जोर दो, व्यक्तियों के निराकरण पर जोर मत दो।
- साधन में साध्य छिपा हुआ होना चाहिए। साधन ऐसा चाहिए कि जिसमें प्राप्त करने की शक्ति निसर्गत हो, वैज्ञानिक रूप से हो। इसलिए साधन का निश्चय बुद्धिपूर्वक करना पड़ता है।
- साध्य का निश्चय मनुष्य जिस प्रकार बुद्धिपूर्वक करता है, उसी प्रकार साधन का निश्चय भी बुद्धिपूर्वक करना पड़ता है।

- क्रान्ति का साधन ऐसा हो, जिसकी प्रेरणा बन्धुत्व में से आये और जिस साधन से बन्धुत्व का विकास हो। यदि क्रान्ति का साधन ऐसा होगा, तो वह शास्त्र-शुद्ध माना जायेगा।
- 'सिद्धि' के लिए जो प्रयोग और प्रयत्न होता है उसे हम 'साधना' कहते हैं।
- सिद्धि के लिए जो प्रयोग और प्रयत्न होता है उसी का नाम 'मार्ग' भी है।
- 'प्रयत्न' का आरम्भ साधन का पहला सिरा है और जहाँ उसकी 'परिणति' होती है, वह अन्तिम सिरा ही 'साध्य' कहलाता है।
- क्रान्ति के तंत्र में भी क्रान्ति होनी चाहिए, क्रान्ति के साधन में भी क्रान्ति होनी चाहिए। क्रान्ति के साध्य के अनुरूप क्रान्ति का साधन होना चाहिए।
- एक वक्त एक ही चीज को लो और उसे अच्छी तरह करो, यह नियम साधनों के विषय में भी सही है।
- मनुष्य की बुद्धिनिष्ठा का विनाशक शरीरबल ही है।
- साधन साध्य के अनुरूप हो, वह अधिक प्रत्यक्ष और सीधा होता है।
- साध्य और साधन में कोई अभेद्य दीवार नहीं है! जिस अनुपात में साधन का अनुष्ठान होगा, ठीक उसी अनुपात में ध्येय-प्राप्ति होगी। यह नियम निरपवाद है।
- बुरे मार्गों से अच्छे हेतु सफल नहीं हुआ करते हैं।
- हम 'रेजिमेण्टेशन' न करें। अपनी बात दूसरों पर न थोपें। अवान्तर साधनों का उपयोग हम दूसरों की बात समझने के लिए करें, अपनी बात समझाने के लिए नहीं।
- योगी की सामर्थ्य स्वायत्त है और हमारी परायत्त। योगी उसे स्वतंत्र रूप से प्राप्त करता है और हमें वह परिस्थिति-प्राप्त है।
- परिमाणात्मक को गुणात्मक में बदलने के लिए मनुष्य के व्यक्तित्व का संरक्षण होना चाहिए और इसके अनुरूप उपकरण होने चाहिए।
- कर्म अपने में जड़ है। कर्म करते ही फल हो, ऐसा हमेशा नहीं होता। परिणाम होता है, फल नहीं होता।

सत्य-अहिंसा

- जिस प्रकार प्रकाश अन्धकार से बलवान है, उसी प्रकार असत्य से सत्य बलवान है, हिंसा से अहिंसा बलवान है, अनीति से नीति बलवान है और शैतान से भगवान् बलवान है। इसी अनुभवजनित, जीवनगत और विचारनिष्ठ विश्वास का नाम है जीवन्त और ज्वलन्त श्रद्धा।

- अन्धेरे पर भी प्रकाश की सत्ता होती है।
- जो आत्म-शुद्धि को छोड़कर पर शुद्धि के चक्कर में पड़ता है वह आत्म-शुद्धि से तो वंचित हो ही जाता है और इसीलिए दूसरों के शुद्धिकरण का अधिकारी नहीं रह जाता है।
- प्रयोग की सफलता की यह अनिवार्य शर्त है कि वह एक निष्ठा और हार्दिकता से तथा बुद्धिमानी और सावधानी से किया जाय।
- जीवन में सिद्धान्त के विनियोग का ही नाम प्रयोग है। ज्ञान जब तक प्रयोग-सिद्ध नहीं होता, तब तक वह निष्ठा के रूप में परिणत नहीं होता।
- अहिंसा प्रेम में प्रकट होती है। प्रेम का आरम्भ ममत्व से होता है और उसकी परिसमाप्ति तादात्म्य में होती है।
- अहिंसा हमेशा प्रेममूलक होती है। सर्वत्र भयवर्जन इसमें आ जाता है।
- जिसके हाथ में हथियार नहीं है वह अगर हथियार से डरना छोड़ दे, तो हथियार बेकार हो जाते हैं।
- हमारे बहुजन समाज की एक बहुत बड़ी शक्ति यह हो सकती है कि वह हथियारों का भय छोड़ दे।
- अपनी निःशस्त्रता को तुम अहिंसक वीरता में बदल देते हो, तो तुम्हारी विवशता में से शक्ति पैदा होती है।
- दूसरे के जीवन में रुकावट न पैदा करना 'अहिंसा' है।
- दूसरे के जीवन में मदद पहुँचाना भावरूप अहिंसा या प्रेम है। इसका आरम्भ अपनेपन से, ममत्व से होता है और इसकी परिणति तादात्म्य में होती है। ममता से आरम्भ और तादात्म्य में परिणति!
- सत्ता और प्रभुत्व के लिए स्नेह और अहिंसा में कोई स्थान नहीं है।
- अहिंसा की क्रान्ति ही व्यावहारिक क्रान्ति हो सकती है।
- हमारा साधन स्नेहमूलक भी होना चाहिए और स्नेह प्रवर्तक भी।
- अहिंसा एक सामाजिक मूल्य है।
- अहिंसा के व्रत में परिणत होने से मनुष्य के चित्त की शुद्धि होगी, उसके व्यक्तित्व का विकास होगा।
- अहिंसक प्रतिकार में जहाँ अनजाने या अपरिहार्य रूप से जबरदस्ती दाखिल हो जाती है, वहाँ भी वह हिंसक जबरदस्ती की अपेक्षा उभय पक्ष के लिए अधिक उपकारक और उद्धारक होती है।

- अहिंसक समाज में अस्तेय और अपरिग्रह व्यापक सामाजिक मूल्य बन जाते हैं।
- संवाद की जड़ में हमेशा अहिंसा है।
- मनुष्य-स्वभाव में विश्वास का अर्थ है मनुष्य की सत्प्रवृत्ति में विश्वास।
- सत्य और अहिंसा में अगर असत्य और हिंसा पर विजय प्राप्त करने की क्षमता न हो, तो प्रतिष्ठा असत्य और हिंसा की होगी न कि सत्य और अहिंसा की।
- सत्य का प्रचार नहीं होता कभी। सत्य और 'प्रोपेगेंडा' परस्पर विरोधी शब्द-प्रयोग हैं!
- सत्यनिष्ठा और वस्तुनिष्ठा की आत्मा जिज्ञासा है।
- सत्यनिष्ठ बुद्धि अनाग्रही, अनकमिटेड होती है। सत्य की अनुभूति होती हैं, प्रचार सत्य का नहीं, विचार का हो सकता है।
- अहिंसा में जय-पराजय नहीं होती। उसमें विषाद किसी को नहीं, हर्ष किसी को नहीं।

विरोध और परिहार

- विरोध का परिहार ही 'समन्वय' कहलाता है।
- सामाजिक परिस्थिति से जितनी रुकावटें पैदा होती हैं, वे सामाजिक अन्तर्विरोध कहलाती हैं।
- व्यक्तिगत विरोध, समाजगत विरोध, व्यवसायगत विरोध, इन सारे विरोधों का परिहार हमें करना है।
- विरोधों के परिहार के लिए हम संकल्पपूर्वक जो आचरण करते हैं उसी को हम 'व्रत' कहते हैं।
- सामाजिक मूल्यों के विकास में बाधा पहुँचाने वाले विरोधों के परिहार के लिए और सामाजिक मूल्यों के विकास के लिए व्यक्ति जो संकल्पपूर्वक आचरण करता है वह व्यक्ति का व्रत कहलाता है।
- स्वार्थों में टक्कर होती है, हितों में टक्कर कभी नहीं होती।
- द्वन्द्व का स्वरूप समझ लेने से द्वन्द्व समाप्त हो जाता है। समस्याओं को समझना ही समस्या का अन्त कर देना है।
- समाज में जो विरोध है उनका परिहार ही क्रान्ति का उद्देश्य है।
- समाज से और मनुष्य के मन से हिंसा का निराकरण करना है।
- हम संकल्प कर लें कि जैसे हम वर्ग-निराकरण चाहते हैं, जाति-निराकरण चाहते हैं, वैसे ही हमें सम्प्रदाय-निराकरण भी करना है।

मन

- दुर्बलता शरीर का धर्म हो, तो भी वह मन का धर्म नहीं बनना चाहिए।

- जिसका मन दुर्बल होता है, उसकी उन्नति सम्भव नहीं।
- दुर्बल मन में कोमल भावनाएँ भी नहीं रह सकतीं। कमजोर मन में करुणा नहीं समाती।
- बलवान मन और बलवान हृदय ही प्रेम का पात्र हो सकता है।
- भय और प्रेम एक साथ रह ही नहीं सकते!

व्यक्ति और समष्टि

- सह-उदय जब तक न हो तब तक दुख का निराकरण नहीं होता।
- सह-उत्पादन का असली मतलब यह है कि मैं जितना उत्पादन करूँ वह अपने लिए नहीं, समाज के लिए करूँ।
- हमारा व्यक्तित्व व्यक्ति की विभूति है और समष्टि की विभूति समाज है।
- हर मनुष्य का व्यक्तित्व समाज की एक विभूति है।
- अब स्वावलम्बन का जमाना नहीं रहा, सर्वावलम्बन के दिन आ रहे हैं।
- आदमी दिनभर जो करेगा उसी के अनुसार वह सोचेगा और दूसरों के साथ सलूक करेगा।

सहजीवन

- पहले स्त्री-पुरुष की शादी अवान्तर कारणों से होती थी। अवान्तर कारणों से मतलब यह है कि स्त्री संरक्षण चाहती थी, इसलिए धनवान पुरुषों से शादी कर लेती थी। स्त्री अधिक सुरक्षितता चाहती थी, इसलिए बलवान पुरुषों से शादी कर लेती थी। समाज में प्रतिष्ठा चाहती थी, इसलिए सुशिक्षित पुरुष से शादी कर लेती थी। इस शादी के लिए उसे तरह-तरह की कीमत चुकानी पड़ती थी- कुलीनता की कीमत, शिक्षण की कीमत, धन की कीमत, सम्पत्ति की कीमत, पुरुषार्थ की कीमत, वैभव की कीमत। नतीजा यह था कि स्त्री और पुरुष का परस्पर सम्बन्ध समान भूमिका पर से हो ही नहीं सकता था। स्त्री और पुरुष के सम्बन्ध में जो कृत्रिम मर्यादाएँ आ गयी थीं उन कृत्रिम मर्यादाओं का निराकरण करने के बाद ही उन दोनों का सम्बन्ध स्वाभाविक नीति के आधार पर सदाचार के आधार पर किस प्रकार हो सकता है, इसका विचार हम कर सकेंगे।
- सहजीवन के लिए अपने व्यक्तिगत सुख और सुविधा का उत्सर्ग करना कौटुम्बिक जीवन की बुनियाद है।
- मनुष्यों के जो स्वायत्त सम्बन्ध होते हैं उनकी अपेक्षा कौटुम्बिक सम्बन्ध अधिक स्थायी और अभेद्य माने जाते हैं।

- मानवीय समाज में कुटुम्ब संस्था एक अनुपम कलाकृति है। काम-वासना का संयम और गृहस्थाश्रम का प्रयोजन है-स्त्री-पुरुषों का संयुक्त जीवन।
- निष्ठा जितनी उत्कट और दृढ़ होती जाती है, शारीरिकता उतनी ही कम होती चली जाती है।
- विवाह और गृहस्थाश्रम संयम के पालन के लिए है।
- प्रेम जितना शुद्ध होता है, उतनी ही कामुकता कम होती चली जाती है।
- अपने जीवन को दूसरे के जीवन के लिए उत्सर्ग करने की प्रेरणा कौटुम्बिकता में से अनायास उत्पन्न होती है।
- गृहस्थाश्रम समर्पणयोग का तीर्थ क्षेत्र है।
- कुटुम्ब तो स्वार्थ की आहुति देने के लिए बनायी गयी यज्ञशाला है।
- आनुवंशिक सम्पत्ति और कौटुम्बिक सम्पत्ति जब नहीं रहेगी, तो पुत्र और कन्या, स्त्री और पुरुष की सम्पत्ति के अधिकारों का झगड़ा समाप्त हो जायेगा।
- जिस कुटुम्ब की वृत्ति और व्यवहार घर की चहारदीवारी लाँघकर व्यापक बन जाता है वह कुटुम्ब समाज के लिए भूषणरूप माना जाता है।
- मित्रता का सम्बन्ध स्वेच्छा का सम्बन्ध होता है। मित्र-प्रेम स्वायत्त होता है इसलिए अधिक शुद्ध भी होता है।
- पुरुष-पुरुष और स्त्री-स्त्री के सहजीवन में जो स्वाभाविक आत्मीयता और पवित्रता होती है, वह क्रान्तिकारी संस्थाओं में प्रविष्ट हो जाती है।
- आश्रम में व्रताचरण है, संयम है, सभी आश्रमवासी एक-दूसरे के सह-साधक हैं।
- कुटुम्ब-संस्था सबके सह-जीवन के पवित्र और प्रिय प्रयोग-तीर्थ में परिणत हो जानी चाहिए।
- स्त्री और पुरुष के जीवन में एक ऐसी वयोमर्यादा आ जानी चाहिए कि जिसके बाद उनमें विवाह की भावना न रहे।
- तुम जिओ और दूसरे को जीने दो। जिलाने के लिए जिओ-यह सह-जीवन है।
- सह-जीवन का अर्थ यह है कि मैं आपके लिए जिऊँ, आप मेरे लिए जियें।
- मैं आपके जीवन में मदद पहुँचाऊँ, आप मेरे जीवन में मदद पहुँचायें। यही 'सहयोग' कहलाता है। यही हमारा 'साध्य' है।
- सहानुभूति 'सहजीवन की सद्भावना' है।
- दुख बँटता है तो हल्का हो जाता है और सुख बँटता है, तो दुगुना हो जाता है, यह दुख और सुख का फर्क है।

- व्यक्ति परिस्थिति का निर्माण नहीं कर सकता। सबको मिलकर करना चाहिए। सहकर्म, सहपुरुषार्थ होना चाहिएं।
- संकट सामुदायिक है, इसलिए पुरुषार्थ भी सामुदायिक होना चाहिए।
- हर मनुष्य, हर व्यक्ति अपने में पूर्ण है। सहजीवन का अर्थ है परिपूर्ण जीवन।
- कुटुम्ब तो स्वार्थ की आहुति देने के लिए बनायी गयी यज्ञ-शाला है।
- वह कुटुम्ब विश्व-कुटुम्ब होगा जिसमें रक्त और विवाह का आधार नहीं है लेकिन स्नेह का आधार है।
- स्त्री और पुरुष के जीवन की समानता के लिए स्त्री-पुरुष सम्बन्ध में दो वस्तुओं का महत्त्व है-प्रेम और पवित्रता का।
- पुराने कुटुम्ब में पति-पत्नी के सम्बन्ध धर्मप्रधान माने गये थे। आज वे स्नेहप्रधान माने जाते हैं, लेकिन कामप्रधान कभी नहीं माने गये।
- सह-जीवन में पवित्रता और प्रेम यानी स्त्री-पुरुष की स्वतंत्रता कुटुम्ब की देन है।
- स्त्री-पुरुष का सम्बन्ध काम की बुनियाद पर नहीं, प्रेम की बुनियाद पर होना चाहिए।
- दूसरे को जिलाऊँगा, तब जीऊँगा, यहाँ से मनुष्य की सभ्यता का आरम्भ होता है।
- जिनके साथ मैं रहता हूँ उनका कर्म मेरे कर्म में शामिल है, यह सह-जीवन है, सहकर्म है।
- पुरुष-पुरुष, स्त्री-स्त्री या स्त्री और पुरुष के बीच सबसे उदात्त और दिव्य सम्बन्ध मैत्री या सख्य का सम्बन्ध है।
- स्त्री और पुरुष के बीच भी खालिस मित्रता का सम्बन्ध स्थापित करना हमारी सामाजिक क्रान्ति का उद्देश्य और प्रयोजन होना चाहिए।
- दूसरे की संगति की आकांक्षा में से मनुष्य का चारित्र्य, मनुष्य की सभ्यता और मनुष्य की सामाजिकता का आरम्भ होता है।

सामाजिक प्रेरणा और सामाजिकता

- जितने भी सामाजिक व्रत हैं, जिनका कोई सामाजिक मूल्य है, उन सब व्रतों का आधार, उन सारे संकल्पों का आधार भी मनुष्य की सामाजिक प्रेरणा है। मनुष्य की इस प्रेरणा मूल में यह सामाजिक वस्तुस्थिति है कि समाज में यदि मुझे जीना है, तो दूसरों को जिलाना होगा। दूसरों को जिलाना है, तो अपने जीवन में मुझे अन्य सारे जीवों को शामिल करना होगा। मनुष्य की यह जो सांस्कृतिक या सामाजिक प्रेरणा है, यही मुख्य प्रेरणा है।

- दूसरे की भावना दूसरे के जीवन में रुकावट पैदा करती है। जिसे हम 'अन्याय' कहते हैं। न्याय और अन्याय की यह सरल परिभाषा है। दूसरे के जीवन में जब हम दखल पहुँचाते हैं, तो अन्याय करते हैं। दूसरे के जीवन में दखल नहीं पहुँचाते, तो न्याय करते हैं। लेकिन अहिंसा न्याय से एक कदम आगे है। भावरूप अहिंसा दूसरे के जीवन में मदद पहुँचाती है। यही मनुष्य का स्वभाव है।
- 'सबकुछ ब्रह्म है' सारा जीवन एक है- यहीं से नैतिकता का, सामाजिकता का, चारित्र्य का आरम्भ होता है।
- चारित्र्य का आरम्भ अकेले में कभी नहीं होता। अकेले आदमी को चारित्र्य की जरूरत ही नहीं है। जहाँ दूसरे के साथ सम्बन्ध आता है, वहाँ से चारित्र्य का आरम्भ होता है, नीति का आरम्भ भी वहीं से होता है। जहाँ मेरा सम्बन्ध दूसरे के साथ आता है।
- मनुष्य केवल प्राकृत नहीं है, मनुष्य सुसंस्कृत है। मनुष्य स्वभाव मुख्य रूप से संस्कारजन्य है।
- दूसरे को जिलाऊँगा तब जीऊँगा-यहाँ से मनुष्य की सभ्यता का आरम्भ होता है।
- गाँव उनका बनता है, जो एक-दूसरे की सहायता का भरोसा कर सकते हैं।
- मनुष्य के आदर्श हमेशा नैतिक या पारमार्थिक होते हैं, राजनैतिक या अर्थनैतिक नहीं।
- नागरिक जीवन का सूत्र यह है कि मैं अपने स्वार्थ की बलि सामुदायिक हित के लिए दे दूँ।
- लोकतंत्र का अर्थ यह है कि मैं अपने व्यक्तिगत मत से समाज की सर्वसम्मति को श्रेष्ठ मानूँ।
- सामुदायिक रूप से जो आचरण होता है वह 'सामुदायिक' या 'सामाजिक व्रत' कहलाता है।
- हम प्रतिदान भी नहीं चाहते और प्रत्युपकार की भी आशा नहीं करते; ऐसा जो उपकार होता है उसे हम समाज धर्म कहते हैं। वह सामाजिक मूल्य बन जाता है।
- सामाजिक जीवन की प्रतिष्ठा को हम 'मूल्य' कहते हैं- प्रामाणिकता, सच्चाई, ईमानदारी। ईमान, प्रामाणिकता और सच्चाई की परिभाषा है-अपने जैसा दूसरों को देखना।
- सब मनुष्यों के सुख का जोड़ ही समाज का सुख है।
- मनुष्यों के सम्बन्धों का नाम समाज है। सामाजिकता और जीवन एक ही चीज है।
- स्वार्थों का टकराव एक ऐसी चीज है, जो मनुष्यों को एक-दूसरे से दूर करती है।

- मनुष्य गाँव में व्यक्ति होता है, व्यक्तित्वहीन प्राणी नहीं।
- समाज में कुटुम्ब एक स्वयंसिद्ध संस्था है।
- व्यवस्था ऐसी होनी चाहिए, जिसमें से व्यक्ति की आत्म-संरक्षण-क्षमता बढ़े, संरक्षण की आकांक्षा और आवश्यकता कम हो।
- जहाँ वस्तुनिष्ठता की माँग होती है, वहाँ कभी-कभी स्वामित्व की भावना रहने पर वस्तु में, जीव में और प्राणी में लोग उचित विवेक नहीं करते।
- मनुष्य मनुष्य के बीच प्रतियोगिता नहीं होनी चाहिए, ईर्ष्या नहीं होनी चाहिए, लोभ नहीं होना चाहिए।
- सेवा के पीछे निरपेक्षता की, प्रेम की भावना चाहिए।
- निंदा-स्तुति के विषय में तटस्थ हो जाय, यह नम्रता है, निरहंकारिता है। लेकिन लापरवाह हो जाना अहंकार है।
- विनयशीलता को ही समाजशास्त्र की भाषा में 'सामाजिकता' कहा जाता है।
- जीवन के प्रत्येक व्यवहार में हमें दूसरों के साथ काम करने की कला साधनी चाहिए।
- समाज के मूल्य आर्थिक और केवल भौतिक दृष्टि से वैज्ञानिक भी नहीं होने चाहिए, बल्कि पारमार्थिक होने चाहिए।
- प्रत्यक्ष समाज के मूलभूत सिद्धान्त त्रिकालाबाधित, सार्वभौम और सार्वकालिक होने के कारण पारमार्थिक होते हैं।
- जिसका स्वार्थ व्यापक है, वह निःस्वार्थ है। स्वार्थ में जब व्यापकता आती है, तो स्वार्थ मिट जाता है। यह स्वार्थ के निराकरण की प्रक्रिया है।
- सम्मिलित फायदा यानी व्यक्तियों के स्वार्थों के जोड़ का नाम समाज का स्वार्थ है, समाज का हित है।
- मनुष्य की प्रधान प्रेरणा यह है कि वह दूसरों को अपने जीवन में शामिल करना चाहता है। इसी को हमने उसकी 'सामाजिकता' कहा है।
- जितने भी सामाजिक व्रत हैं, जिनका कोई सामाजिक मूल्य है, उन सारे संकल्पों का आधार भी मनुष्य की सामाजिक प्रेरणा है।
- समाज में यदि मुझे जीना है, तो दूसरों को जिलाना होगा।

अभिव्यक्ति और प्रेरणा

- मनुष्य दूसरे जीवों को अपने जीवन में दाखिल कर लेना चाहता। यही मनुष्य की प्रेरणा है।

- संसार में जितने भी बड़े काम हुए हैं वे सबके सब मनुष्य की स्वार्थी प्रेरणा को छोड़कर हुए हैं।
- मनुष्य स्वभावतः सत-प्रवृत्त है। दुष्प्रवृत्ति विकार है, सत्प्रवृत्ति ही उसका मूलस्वभाव है।
- अभिव्यक्ति अहंकार में जब परिणत हो जाती है तब वह प्रदर्शनात्मक बन जाती है।
- हर एक शुभ संकल्प प्रयत्नसाध्य ही होता है और इसीलिए उसके द्वारा मनुष्य के जीवन की प्रगति होती है। जहाँ प्रयत्न की आवश्यकता न हो, वहाँ प्रगति सम्भव भी नहीं होती।
- जहाँ असफलता का भय, वहाँ प्रयोग नहीं।
- वैज्ञानिक प्रयोगशील होता है। प्रयोगशीलता ही वैज्ञानिकता का मुख्य लक्षण है।
- मनुष्य को अपनी स्वतंत्रता के लिए मस्तिष्क-नियंत्रण से आगे जाना होगा।
- मनुष्य एक ऐसे मुकाम पर आ गया है कि मनुष्य को मन के परे जाना होगा।
- मतवाद का प्रभुत्व मनुष्य के मन पर ही हो सकता है। मतवाद का प्रभुत्व शरीर पर नहीं रह सकता।
- मनोनियंत्रण का अन्त होना चाहिए। अगर यह नहीं होगा, तो मनुष्य की स्वतंत्रता का नाश होगा।
- मनुष्य की प्रेरणा निर्माण की प्रेरणा है उपार्जन की नहीं।
- स्वाभाविक प्रेरणा सारी सांस्कृतिक सीमाओं को तोड़ती चली जाती है। उस प्रेरणा को बढ़ाने की जरूरत।

क्रान्ति-चिन्तन

- क्या नैतिक क्रान्ति दुनिया में कभी हो सकती है? आज तक जो क्रान्तियाँ हुईं, उन्होंने क्या नैतिकता का विचार नहीं किया? उन्होंने विचार किया। लेकिन नैतिकता को कम पाया और वैज्ञानिकता को अधिक पाया। क्या नीति वैज्ञानिक हो सकती है? क्या नीति भी सार्वभौम हो सकती है? सार्वभौम नीति समाज में आज भी है जिसे हम मानवता कहते हैं। वही सार्वभौम नीति का अधिष्ठान है।
- दूसरे के पाप को और दूसरे के अन्याय को भी अपना अन्याय समझेंगे। उसका प्रतिकार अपना कर्तव्य समझेंगे। अपने अपराध और अपने पाप के निराकरण के लिए जो साधना हम करते हैं वही साधना हम दूसरों के अपराध और पाप के निराकरण के लिए भी करेंगे! यह प्रक्रिया सहयोगात्मक बन जाती है। यह प्रतिकार, यह संघर्ष भी प्रेममूलक होता है और सेवात्मक होता है।

- क्रान्ति कृत्रिम रूप से नहीं हो सकती। जिसका स्वार्थ क्रान्ति के अनुकूल होता है उसका संगठन यदि कर लो, तो क्रान्ति की प्रक्रिया स्वाभाविक और सुलभ हो जाती है।
- जिसका हृदय परिवर्तन और मत परिवर्तन हो चुका है वह 'क्रान्तिकारी पक्ष' कहलाता है। अब मेरा कहना यह है कि जिस जनता के लिए और साधारण नागरिक की तरफ से हम क्रान्ति करते हैं, क्रान्ति की प्रक्रिया में ही कोई ऐसी योजना हो कि उस साधारण नागरिक का हृदय परिवर्तन भी साथ-साथ होता चला जाय।
- सशस्त्र क्रान्तिकारी भी अधिक-से-अधिक इतना ही कहता है कि परिस्थिति बदल जायेगी, तो मनुष्य उसके साथ कुछ मात्र में बदलेगा।
- व्यक्तिगत मोक्ष अलग और सामाजिक मोक्ष अलग, ऐसी दो भिन्न-भिन्न सत्ताएँ मनुष्य के व्यक्तित्व में नहीं हो सकतीं। इसलिए जिन गुणों का अनुष्ठान मनुष्य अपने मोक्ष के लिए करता है, उन्हें जब वह सामाजिक मूल्य में परिणत करने लगता है, तो व्यक्तिगत मोक्ष और सामाजिक मोक्ष, दोनों एक साथ चलते हैं।
- मनुष्य के व्यक्तित्व के विकास में तीन प्रकार के विकास आते हैं। एक तो उसके गुण का विकास होना चाहिए, दूसरा, उसकी कला का विकास होना चाहिए और तीसरा, उसकी शारीरिक शक्ति का विकास होना चाहिए। मनुष्य के शरीर की जो प्रतिकार-क्षमता है, वह भी उसके परिश्रम से विकसित होनी चाहिए।
- सबको खाना, कपड़ा, मकान मिल जाना क्रान्ति नहीं है। जितनी जरूरत हो उतना खाना मिले, कपड़े की जरूरतें पूरी हो जायँ, हरएक को रहने के लिए अच्छा मकान मिल जाय-यह मनुष्य को सुखी जानवर बना सकता है, लेकिन स्वतंत्र मानव नहीं बना सकता। इसलिए यह क्रान्ति नहीं है।
- क्रान्तिकारक मूल्यों का अनुष्ठान परम्परागत कुटुम्ब-संस्था में नहीं किया जा सकता, इसलिए मार्क्सवादियों, क्रान्तिकारियों ने कम्यूनों की स्थापना की।
- क्रान्ति वैज्ञानिक होनी चाहिए यानी समाज-विकास के नियमों के अनुरूप हो।
- क्रान्ति की प्रक्रिया का अनुकरण नहीं हो सकता। क्रान्ति की प्रक्रिया का अनुसरण हो सकता है।
- अन्तर्राष्ट्रीय क्रान्ति हो, तो वह सशस्त्र क्रान्ति नहीं हो सकती। यह आज की ऐतिहासिक परिस्थिति है।
- 'जनता की क्रान्ति' 'जनता के द्वारा' हो। आज क्रान्ति भी जनतांत्रिक होनी चाहिए, क्रान्ति की प्रक्रिया ही जनतांत्रिक हो जानी चाहिए।
- इस देश में जो व्यक्ति सशस्त्र क्रान्ति का प्रयास करेगा, वह देश में अराजकता पैदा

करेगा।

- अब क्रान्ति का विचार मानवीय विज्ञान की दृष्टि से हमको करना है और मानवीय विज्ञान की दृष्टि से एक ऐसी प्रक्रिया।
- समाज परिवर्तन के लिए सत्य, अहिंसा, ब्रह्मचर्य और अपरिग्रह की आवश्यकता है।
- सामाजिक क्रान्ति के कार्यक्रम का नित्य आचरण हो और उसके साथ पवित्रता और स्नेह दोनों हो।
- सारे सम्बन्धों का आधार प्रेम होना चाहिए। प्रेम मनुष्य में स्वाभाविक है ही।
- मनुष्य के स्वभाव की खोज करनी चाहिए। मनुष्य-स्वभाव का ज्ञान अगर न हो, तो मानवीय क्रान्ति असम्भव है।
- जब तक समाज का ढाँचा नहीं बदलता, तब तक क्रान्ति के प्रयोग पूरी तरह सफल नहीं हो सकते।
- अन्तर्विरोधों के निराकरण को ही 'क्रान्ति' कहते हैं।
- क्रान्ति की हमारी प्रक्रिया ही मानवनिष्ठ होनी चाहिए।
- क्रान्ति सिर्फ इतना ही करती है कि मनुष्य की स्वाभाविक प्रेरणा के लिए अवसर उपस्थित करती है।
- क्रान्तिकारी की विशेषता है कि वह प्रतिकूलता में से अनुकूलता उपस्थित करता है।

नये समाज की अवधारणा

- मालिक कोई न रहे। इसके लिए आर्थिक क्षेत्र में हमारा पहला कदम होगा-अनुत्पादक की मालकियत का विसर्जन, दूसरा कदम होगा-उत्पादक की मालकियत की स्थापना, और तीसरा कदम होगा- मालकियत का ही निराकरण। ऐसा जो समाज बनेगा, वह सारा का सारा उत्पादकों का होगा। उस समाज में स्वयंपूर्णता की दृष्टि से विकेन्द्रीकरण होगा और उस विकेन्द्रित समाज में प्रतिनिधित्व और प्रशासन, दोनों यथासम्भव समव्याप्त होंगे। प्रशासन का उद्देश्य वस्तु-नियंत्रण होगा, व्यक्ति-नियंत्रण नहीं। यह प्रशासन से अनुशासन की ओर जाने का कदम है।
- बस्ती समन्वयात्मक होनी चाहिए। व्यवसायनिष्ठ नहीं होनी चाहिए।
- जब सारे नागरिक एक-दूसरे को जानेंगे, तो उत्पादन मनुष्य के लिए होगा सिर्फ उपभोग के लिए नहीं।
- समन्वयात्मक समाज के लिए बड़े पैमाने पर उत्पादन काम का ही नहीं है। बड़े पैमाने पर उत्पादन होता है, तो मनुष्य व्यक्तित्वहीन जाता है।

- सर्वांगीण विकास के लिए यह आवश्यक है कि भिन्न-भिन्न व्यवसाय करनेवाले लोग एक ही बस्ती में रहें।
- मनुष्यों का एक-दूसरे की तरफ बढ़ना ही विकास है, प्रगति है।
- वितरण आवश्यकता पर जितना निर्भर है उतना ही मनुष्यों के पारस्परिक सम्बन्धों पर भी निर्भर है।
- व्यवस्था होगी, लेकिन वह विचार-विनिमय से होगी।
- मानवता की सगुण उपासना होनी चाहिए, नहीं तो अहिंसा और सत्याग्रह का कोई अवसर नहीं रहेगा।
- अर्थ-व्यवस्था, राज्य-व्यवस्था, समाज-व्यवस्था ऐसी हो जिसमें मनुष्य का कर्म-स्वातंत्र्य बना रहे।
- मनुष्य की जिम्मेवारी संस्था या राज्य न ले, मनुष्य आत्मनिर्भर रहे।
- आत्मनिर्भरता का मतलब है परस्पर की निर्भरता।
- पशु-शक्ति का, और पशु की कला का भी उत्पादन में विनियोग होना चाहिए।
- स्वच्छता, सुन्दरता और पवित्रता की भावना मनुष्य में है। उसके विकास के लिए अवसर चाहिए, संयोजन चाहिए।
- समन्यवयात्मक समाज के लिए बड़े पैमाने पर उत्पादन काम का नहीं है।
- बड़े पैमाने पर उत्पादन होता है, तो मनुष्य व्यक्तित्वहीन हो जाता है।

यंत्र और विज्ञान

- विज्ञान तटस्थ होता है। मूल्यों की स्थापना करने की शक्ति विज्ञान में नहीं होती। विज्ञान जीवन का बाहरी नक्शा बदल सकता है। संस्कृति का आशय बदलने की शक्ति विज्ञान में नहीं है।
- कला का विकास यंत्र से हो ही नहीं सकता। शिक्षण संस्थाएँ चलाने वाले जानते हैं कि कला के विकास को यदि उत्पादन के साथ जोड़ना है, संयोजन के साथ यदि शिक्षण को जोड़ देना है तो उत्पादन का उपकरण ऐसा होना चाहिए, जिससे मनुष्य की कला का विकास हो। उसके शरीर में जितनी कलात्मकता है उसका विकास हो।
- विज्ञान से मूल्य की स्थापना हो ही नहीं सकती। विज्ञान परिस्थिति में परिवर्तन कर सकता है। लेकिन जिसे भावरूप मूल्यों की स्थापना कहते हैं वह विज्ञान से हो ही नहीं सकती।
- यंत्र को यदि दाखिल करना हो तो उसे तभी दाखिल किया जाय, जब उत्पादन का

साधन और पद्धति ऐसी हो, जिसमें मनुष्य की शक्ति का उपयोग हो, कला का विकास हो। दूसरी बात यह है कि पशु की शक्ति का उपयोग और विकास भी हो।

- जीविका उपार्जन की पद्धति मनुष्य की वृत्ति को बदल देती है। इसलिए उत्पादन की पद्धति ऐसी हो, जिसमें मनुष्य की मनुष्यता का विकास हो।
- उत्पादन की पद्धति और उत्पादन के उपकरण ऐसे होने चाहिए कि पशु की शक्ति का सम्पूर्ण उपयोग हो।
- यंत्र मनुष्य को बेकार या निष्क्रिय बनाने के लिए नहीं होने चाहिए।
- वैज्ञानिक आविष्कार ने मनुष्य को सुखी तो बनाया, लेकिन उसकी स्वतंत्रता छीन ली।
- आज परिश्रम के बिना वैभव की आकांक्षा है। यंत्र-युग का यह अन्तर्विरोध है।
- यंत्रीकरण ऐसा न हो कि मनुष्य को हृदयहीन बनाये।
- यह विज्ञान की सफलता का युग है और संस्कृति की विफलता का युग है।
- विज्ञान एक ऐसा सार्वभौम अन्तर्राष्ट्रीय तत्त्व है कि जिसके नाम पर कभी युद्ध नहीं हुआ।
- यंत्र में इतना विश्वास न हो कि मनुष्य के ऊपर भरोसा ही न रहे।
- आर्थिक संयोजन में यंत्र हो, यह अलग बात है, लेकिन मनुष्य की जगह यंत्र ही न आ जाय, इसकी सावधानी रखनी चाहिए।
- मानवीय मूल्यों की जगह यंत्र कभी ले नहीं सकता। दुनिया भर के सब क्रान्तिवादियों के सामने यह समस्या है।
- आज का विज्ञान विशिष्टीकरण के नाम पर मनुष्य को एकांगी बना रहा है। नाम विशिष्ट का लेता है, लेकिन मनुष्य बन रहा है एकांगी।
- यंत्रयुग में नये औजारों का आविष्कार हुआ। नये औजारों का नतीजा क्या होगा? काम अधिक होगा और मनुष्य कम लगेंगे। मनुष्य कम लगेंगे तो मनुष्य बेकार होते चले जायेंगे। जो बेकार होते चले जायेंगे, वे गरीब होते चले जायेंगे। जो गरीब होते चले जायेंगे, वे चीजें खरीद नहीं सकेंगे। उनमें क्रय-शक्ति नहीं रहेगी, तो चीजें समाज में बिकेंगी नहीं। उत्पादन बढ़ेगा, विक्रय होगा नहीं। इसलिए यंत्रयुग के साथ नक्शा बदल गया है।

जीवन और शिक्षण

- जीवन और शिक्षण का सम्बन्ध अभेद्य है। बल्कि यों कहिए कि ये दोनों अभिन्न हैं-जैसे नदी का होना और बहना दो क्रियाएँ नहीं हैं, वैसे ही मनुष्य का जीना और सीखना दो भिन्न क्रियाएँ नहीं होनी चाहिए। इसलिए अगर मनुष्य को जीने में आनन्द

आता है, जीवन से प्रेम है, जिन्दगी में रुचि है, तो उसे शिक्षा में भी मजा आना चाहिए। बुनियादी तालीम की यही बुनियाद है। उसमें व्यवसाय और शाब्दिक शिक्षा का केवल समुच्चय नहीं है। बल्कि व्यवसाय के द्वारा हृदय और बुद्धि के विकास की योजना है।

- शिक्षण और संयोजन दोनों एक-दूसरे के निकट आने चाहिए।
- उत्पादन, शिक्षण और व्यायाम-तीनों एक-दूसरे के निकट आयें।
- आत्मतुष्टि या स्वयंतुष्टि मनुष्य को जड़ बना देती है।
- भोग-क्षमता की एक सीमा है। उसका अर्थ यह है कि उपभोग ऐसा होना चाहिए, जिसमें भोग-शक्ति क्षीण न हो।
- प्रयोग के क्षेत्र में आत्मबल का स्थान है, अध्ययन के क्षेत्र में नहीं।
- त्याग और तितिक्षा का अध्ययन में स्थान नहीं है, क्रान्ति के प्रयोग में स्थान है।
- अध्ययन और शिक्षण के क्षेत्र में अगर यह (त्याग और तितिक्षा का) नैतिक दबाव दाखिल होगा, तो उतने अंश में शिक्षण कलुषित होगा।
- मूल्य-परिवर्तन हमेशा शिक्षण से होता है। इसलिए शिक्षण के क्षेत्र में वस्तु परिवर्तन के बाद मूल्य-परिवर्तन शुरू हो जाना चाहिए।
- दुनिया में अच्छी चीज का ही दुरुपयोग अधिक होता है, बुरी चीज का नहीं।
- विज्ञान में प्रयोग होता है, खोजें होती हैं, पर उसमें अन्तिम सिद्धान्त नहीं मिलते।
- साथ-साथ मरने के संकल्प में मूल आकांक्षा साथ-साथ जीने की होती है।

मानवीय निष्ठा

- मनुष्य में निष्ठा का अर्थ ही है-लोकनिष्ठा, मानवनिष्ठा।
- विचार की शक्ति बुद्धिनिष्ठा में होती है और उसका आधार आत्मबल होता है।
- पुरुष स्वतंत्र है, जिम्मेवार है इसलिए वह परिस्थिति से ऊपर उठ सकता है। यह हर क्रान्तिकारी को मानना होगा।
- हम किसी मनुष्य को अशुद्ध न मानें और न किसी मनुष्य के रक्त को अशुद्ध मानें। यहाँ तक स्पर्श भावना जाती है।
- दुष्टता का और मूर्खता का निराकरण सम्भव है और उसका निराकरण करने के लिए मानवीय प्रक्रिया है।
- जो दूसरों को अपने जैसा देखता है उसका नाम है इन्सान। जो दूसरों को अपने जैसा नहीं देखता है उसका नाम है हैवान !

- वस्तु-शक्ति में जो सन्देह-रहित विश्वास होता है, उसी का नाम निष्ठा है। यह केवल सिद्धान्त की बात नहीं है। इस निष्ठा का आधार है अवलोकन, अनुभव और मनन।
- हमें न तो शत्रुता चाहिए और न ही प्रेम। हमारा न कोई मित्र है न शत्रु।
- निरुपाधिक प्रेम मनुष्य का स्वभाव है। विकार और वासनाएँ मनुष्य का स्वभाव नहीं हैं।
- मानव सेवा ही ईश्वर सेवा है।
- उपकरण मनुष्य के हाथ में हो, उपकरण के अधीन मनुष्य न हो।
- प्रचार सत्यान्वेषण का साधन नहीं है।
- हर व्यक्ति अपने में अपवाद भी है और अपने में विभूति भी। प्रेम के साथ उत्कटता जितनी अधिक होगी, पुरुषार्थ उतना ही अधिक होगा।
- इन्सान का रुख इन्सान की तरफ हो, इन्सान इन्सान से मुँह न मोड़े।
- प्रपंच-निवृत्ति का मतलब है लोकाभिमुखता का अनन्त विकास।
- जब एक मनुष्य दूसरे मनुष्य के दुख-सुख से प्रभावित होता है, तो इसका मतलब यह है कि वह मनुष्य मात्र के शरीर को पवित्र मानता है।
- मानवता मनुष्य की जिम्मेवारी है।
- मानव- निष्ठा का सत्यनिष्ठा से विरोध नहीं है इसलिए आत्मनिष्ठ मनुष्य मानवनिष्ठ होता है, किन्तु समूहवादी नहीं।
- मनुष्य के विकास के लिए आवश्यकता है अहिंसक या अनासक्त चित्त की।
- मानवीय मूल्यों की स्थापना मनुष्य की बुद्धि और मनुष्य के हृदय के मार्फत ही हो सकती है।
- शस्त्र शक्ति, राज्य-शक्ति और धन-शक्ति में जिन लोगों का विश्वास था वे सब-के-सब अब किसी दूसरी मानवीय शक्ति की खोज में हैं।
- हमारा परम मूल्य जीवन है। जीवन को सर्वत्र सम्पन्न बनाना है। सबके जीवन को सम्पन्न बनाना है।
- जीवन मनुष्य का स्वभाव है। मृत्यु उसका स्वभाव नहीं है। मनुष्य प्रेमपूर्वक जीना चाहता है।
- जिसे हम दैव कहते हैं वह भी मानवनिर्मित होता है, कर्मजन्य होता है। मेरे लिए पुनर्जन्म-सिद्धान्त का इतना ही महत्त्व है।
- हमारी मानव-देह कर्म-प्रधान रहे। यह कर्मयोनि कहलाती है।

विचार-निष्ठा-बुद्धि-निष्ठा

- विचार अपौरुषेय है।
- विचारनिष्ठ विश्वास ही निष्ठा है।
- विचार की शक्ति मनुष्य की बुद्धि का विकास करती है। बुद्धिमान हमेशा बुद्धिनिष्ठ नहीं होता। बुद्धिनिष्ठा से मतलब है बुद्धि में विश्वास, अपनी भी और दूसरे के भी।
- खुला चित्त वह है जिसमें कोई विचार न भरे हों। दूसरे की बात समझने के लिए कोरा दिमाग चाहिए।
- हमें किसी विचार के चौखटे में नहीं रहना चाहिए।
- सत्य के विषय में यह भूमिका है कि मेरी आत्मा मेरे लिए परम प्रमाण है।
- विकारहीन और स्वार्थ-निरपेक्ष बुद्धि ही सत्य की खोज का एकमात्र साधन है।
- मैं अपनी बुद्धि को तप से, बलिदान से और क्लेश सहन से शुद्ध करता हूँ।
- सत्य के निर्णय का साधन विकाररहित बुद्धि और स्वार्थरहित अन्तःकरण है।
- विचार, विचार है। वह अपौरुषेय होता है। विचार न गांधी का है, न मार्क्स का। विचार केवल विचार होता है।
- शब्द आकाश का गुण है, उसी प्रकार विचार मनुष्य का विशेष लक्षण है। विचार मानवव्यापी होता है। विचार न तो समाजवादी होता है, न सर्वोदयवादी।
- शुद्ध विचार अपौरुषेय है, फिर उसको किसी ने भी अभिव्यक्त क्यों न किया हो।
- 'सुमति' की परख 'सन्मति' है और कुमति की परख 'विमति' है।
- दुनिया में आज जितने प्रमुख वाद हमारे सामने खड़े हैं उन वादों का हमें खण्डन नहीं करना है, उनका समन्वय करना है
- विचार के लिए सबसे आवश्यक बात यह है कि हमारा विश्वास अपनी बुद्धि में हो और मनुष्यमात्र की बुद्धि में हो।

स्त्री

- स्त्री अपनी परम्परागत भ्रान्त धारणाओं को छोड़कर 'स्वरक्षित' हो जायेगी।
- स्त्री के लिए उज्ज्वल चारित्र्य की जितनी आवश्यकता है उतनी ही आवश्यकता पवित्र जीविका की भी है।
- निष्कलंक चारित्र्य और शुद्ध जीविका ही स्त्री के औपचारिक नागरिकत्व को वास्तविक बना सकती है।
- संविधान और विधान से लाभ उठाने की शक्ति तो स्त्रियों में चारित्र्यबल से ही आ

सकती है।

- वर्तमान युग स्त्री के स्वायत्त जीवन का पुण्य पर्व है।
- गुरु के नाते स्त्री पुरुषों से हजार गुना श्रेष्ठ है।
- स्त्री का उद्धार पुरुष कर नहीं सकता। वह तो उसे स्वयं ही करना होगा।
- जब तक स्त्री 'स्वरक्षित' न होगी, तब तक सच्चे अर्थ में 'सुरक्षित' नहीं हो सकती। जो स्वरक्षित नहीं, वह सुरक्षित भी नहीं।
- जिस दिन स्त्री, पुरुषों का भय त्याग देगी, उसी दिन वह उस पर वास्तविक प्रेम कर सकेगी।
- भीरुता स्त्री का भूषण न होकर दूषण है। यह बात लड़कियों के हृदय में अंकित कर देनी चाहिए।
- शिष्टाचार और शालीनता की मर्यादाएँ स्त्रियों की तरह पुरुषों को भी पालनी चाहिए।
- नागरिकता के क्षेत्र में स्त्री-पुरुष भेद का निराकरण होना चाहिए।
- समाज-व्यवस्था ऐसी होनी चाहिए कि स्त्री का शरीर पुरुष के आक्रमण का विषय न रहे, उसकी अभिलाषा का विषय न रहे।
- स्त्री रक्षणाकांक्षिणी न रहे और दूसरी तरफ पुरुष आक्रमणशील या रक्षयिता न रहे। यह सामाजिक क्षेत्र में ब्रह्मचर्य कहलाता है।
- स्त्री के जीवन में ब्रह्मचर्य का स्थान वही होना चाहिए, जो पुरुष के जीवन में है। इसे मैं ब्रह्मचर्य व्रत का सामाजिक मूल्य कहता हूँ।
- ब्रह्मचर्य की जो दृष्टि है, वह मातृत्व की है, वह कोई पितृत्व की प्रतियोगी नहीं है।
- स्त्री स्वरक्षित रहे, इसके लिए अहिंसा सबसे अनुकूल है। विवाह के बिना मातृत्व नहीं। इसलिए पुरुष-सापेक्ष जीवन बन गया।
- • लड़के-लड़कियों, दोनों का जीवन अकलुषित और ब्रह्मचर्यनिष्ठ होना चाहिए। तभी सह-शिक्षण सफल होगा अन्यथा नहीं।
- कुटुम्ब में स्त्री का नागरिकत्व दाखिल हो जाना चाहिए।
- स्त्री नागरिक बन गयी है, इस बात की चेतना, इसका बोध पुरुष को होना चाहिए। स्त्री के नागरिकत्व में वह जितनी सहायता पहुँचा सकता है, उतनी सहायता उसे पहुँचानी चाहिए। यह 'गृहस्थाश्रम की मर्यादा' का तकाजा है।
- ब्रह्मचारी पुरुष का ब्रह्मचर्य जितना सुप्रतिष्ठित है उतना ही सुप्रतिष्ठित स्त्री का ब्रह्मचर्य माना जाना चाहिए।
- स्त्री जिस दिन तत्त्वनिष्ठ बनेगी, उस दिन उसके जीवन में नैतिकता आयेगी और वह

पुरुष से प्रेम कर सकेगी।

- कौटुम्बिक भावनाओं को सामाजिक मूल्य में परिणत कर देने का काम स्त्रियों के हाथ में है।
- स्त्रियाँ पुरुष के भरोसे जीना छोड़ दें, पुरुष का रक्षण खोजना छोड़ दें। ऐसा संकल्प उन्हें करना होगा।
- स्त्री के जीवन में मूल्य-परिवर्तन के साथ स्वतंत्रता और नागरिकता दाखिल होगी, तभी स्त्री का जीवन धन्य होगा।
- सभी महान् स्त्रियों के जीवन में एक समानता होती है। व्यक्तिगत सुख की अपेक्षा ध्येय का महत्त्व अधिक होता है।
- स्त्री की प्रतिष्ठा वीरमाता या वीरपत्नी होने में नहीं, वीरागंना होने में है।
- स्त्री का सारा जीवन ही आत्मबल के लिए आह्वान है।
- स्त्री-जीवन की कृतार्थता और धन्यता आत्मबल की उपासना में है।
- स्त्री पुरुष से डरती भी है और पुरुष से प्रेम भी करती है- मैं तो समझ ही नहीं सकता। शेर से बकरी क्या प्रेम कर सकती है?
- जब तक विवाह सुलभ नहीं होगा, तलाक की आवश्यकता बनी रहेगी और जब तक लड़कियाँ आत्मनिर्भर और स्वाधीन नहीं होंगी तब तक विवाह सुलभ नहीं होगा। इस दृष्टि से कुटुम्ब-संस्था की बुनियाद ही बदलनी पड़ेगी। पुरुष-निर्भरता के बिना भी स्त्री के लिए सुचारुरूपेण जीना सम्भव है, स्त्री को अपने शील-सम्पन्न पराक्रमी जीवन से यह सिद्ध करना होगा।
- पिता के घर में न समाने वाली, शादी के बाजार में न बिकने वाली प्रौढ़ कन्या समाज में इज्जत और आजादी के साथ रहकर उपयोगी कार्य कर सकती है। यह समाज का पुण्य कार्य है। इसमें जो मूल्य निहित हैं वे मेरे नहीं हैं। मेरे बाप के नहीं हैं। ये परमात्मा के मूल्य हैं। ये मानवीय मूल्य हैं। ये तुम्हारे ही मूल्य हैं। उन्हें सम्भालो!

मैत्री

- शुद्ध स्नेह में सारे लौकिक नाते इकट्ठे होकर विलीन हो जाते हैं।
- रक्त-निरपेक्ष तथा काम-निरपेक्ष प्रेम मैत्री ही है।
- हमारी विनयमुक्त स्नेहमय निष्ठा जीवन की तरह (पानी की तरह) जीवनदायी होनी चाहिए।
- प्रेम स्वभाव है। बाधा के हटते ही स्वभाव निखर आता है। पारमार्थिक प्रेम सखी-भक्ति है।

ब्रह्मचर्य

- समाज में ब्रह्मचर्य के मूल्य की स्थापना कोई विज्ञान नहीं कर सकता। ब्रह्मचर्य के मूल्य का अर्थ यह है कि हर स्त्री मेरे लिए माँ हो और हर स्त्री के लिए पुरुषं या तो पुत्र रहे, भाई रहे या पिता रहे। इसे सामाजिक ब्रह्मचर्य कहते हैं। इसलिए अब इतना ही पर्याप्त नहीं है हर मनुष्य स्वतंत्र हो जाय, आवश्यकता इस बात की है कि हर मनुष्य, हर व्यक्ति को हम भगवान् की विभूति मानें।
- लड़के-लड़कियों का विद्यार्थी जीवन जब तक ब्रह्मचर्य की बुनियाद पर आधार नहीं रखेगा, तब तक उसमें पवित्रता नहीं आ सकेगी।
- ब्रह्मचर्य आश्रम विद्यार्थी जीवन के लिए अत्यावश्यक है।
- ब्रह्मचर्य- जैसे सारे व्रत सामाजिक मूल्य हैं, इसलिए यावज्जीवन चलने चाहिए।
- ब्रह्मचर्य जैसे पुरुष-जीवन में मुख्य है, वैसे ही स्त्री-जीवन के लिए भी माना जाना चाहिए।
- वासना चाहे जितनी अपार हो, मनुष्य की उपभोग शक्ति सीमित है।

धर्म और संस्कृति

- दूसरे के जीवन में शामिल होना और दूसरे को अपने जीवन में शामिल करना 'संस्कृति' है।
- मनुष्य ने जिस दिन आखेट के व्यवसाय को छोड़कर कृषि और पशु-पालन का आरम्भ किया, उसी दिन से उसने सांस्कृतिक दृष्टि से पहला क्रान्तिकारी कदम उठाया।
- विज्ञान के द्वारा संस्कृति का विकास भी होना चाहिए। और, संस्कृति का अर्थ है- अधिक-से-अधिक जीवों को अभयदान और जीवनदान।
- कृषि और पशुपालन मनुष्य के सांस्कृतिक इतिहास में दो ऐसे कदम हैं, जिन्होंने मनुष्य को मानवीय बनाया।
- धर्म गाय को 'अवध्य' करार देता है, वह कानून की मदद ही करता है। धर्म जब शराब को हराम करार देता है तो वह कानून के साथ सहयोग ही तो करता है!
- आसुरी सम्पत्ति प्रभुत्व की भावना पर आधार रखती है। दैवी सम्पत्ति कल्पतरुवाद से कलुषित होती है। परन्तु मानवीय संस्कृति श्रम पर आधार रखती है।
- 'यज्ञ' शब्द स्वामित्व के त्याग का संकेत है।
- सांकेतिक आन्दोलन में पुण्य भावना का महत्त्व बहुत अधिक होता है।
- स्वदेशवासियों की सेवा स्वधर्म का प्रथम सूत्र है।
- संस्कृति का अर्थ है जीवन की 'शुद्धि' और 'समृद्धि'। 'संस्कृति' हमारी भाषा का

अत्यन्त व्यापक शब्द है।

- हर एक दर्शन स्वभाव से ही एकांगी होता है।
- प्रत्यय तो एकान्त में बैठकर मनन करने से या प्रत्यक्ष अनुभव करने से होता है। सत्य चीज ही ऐसी है कि जो सत्यपरायण व्यक्ति के सामने अपना रूप आप ही प्रकट कर देती है।
- सत्य, अहिंसा, स्वदेशी और शरीर श्रम संस्कृति के आधारभूत सिद्धान्त हैं।
- सदाचार के सनातन सिद्धान्तों के आधार पर हरएक को अपना- अपना स्वधर्म पहचान लेना चाहिए। और अपने रास्ते पर चलना चाहिए।
- सम्प्रदाय संकुचित होते हैं लेकिन धर्म अपने में सार्वभौम है।
- धर्म में जितनी वस्तुनिष्ठा, सत्यनिष्ठा और व्यापकता आयेगी, उतना उतना धर्म सार्वभौम बनता जायगा।

मार्क्स और गांधी

- मार्क्स नास्तिक नहीं था, निरीश्वरवादी था, अवैदिक था। बाइबिल और कुरान के खिलाफ था। लेकिन उसने जो बात कही वह किसी धर्म-संस्थापक ने, किसी ऋषि-मुनि ने, दस अवतारों में से किसी भी अवतार ने उससे पहले नहीं कही थी। इसलिए दलित और पिछड़ी हुई मानवता का वह पहला मसीहा हुआ।
- मार्क्स के बाद भगवान् की कृपा से गांधी आया, जिसने प्रतिकार की एक ऐसी प्रक्रिया बतलायी, जो सम्पूर्ण रूप से वैचारिक है।
- गांधी ने अहिंसा को राजनीतिक और आर्थिक क्षेत्र में दाखिल किया यानी उसको समाजव्यापी बना दिया।
- गांधी यह चाहते थे कि राज्य की व्यवस्था ऐसी हो, जिससे सर्वसम्मति आ सके, सारे-के-सारे धर्म इसमें आयें, अल्पसंख्यक लोग भी उसमें आयें, हरिजनों का, अस्पृश्यों का समावेश भी उसमें हो सके।
- वैज्ञानिक क्रान्ति का विज्ञान और क्रान्ति की कला का शास्त्र देनेवाला पहला व्यक्ति मार्क्स था।
- मार्क्स का एक सूत्र था कि जो मेहनत करता है दौलत उसकी हो। गांधी कहता है, तुम दूसरों से जितना चाहते हो, उससे अधिक दो।
- साध्यानुकूल साधन की योजना गांधीजी की क्रान्तिकला का प्रधान और अपूर्व अंग है।
- गांधीजी यंत्रों के विरोधी नहीं हैं बल्कि यंत्रवाद के विरोधी हैं।

- गांधीजी एक उत्कट साधक और मुमुक्षु हैं।
- शान्तिमय संग्राम की अपूर्व कल्पना एवं पद्धति का आविष्कार और प्रयोग करनेवाला गांधी आधुनिक संसार का सर्वश्रेष्ठ शान्तिदूत ही नहीं है, वह सर्वतोमुखी क्रान्ति का अग्रदूत भी है।
- गांधी का साध्य सर्वोदय या सर्वहित है। उनके धर्म का पहला नियम बन्धुत्व है। उनके रामराज्य के नियामक सिद्धान्त स्वातंत्र्य और समता है।
- अहिंसात्मक प्रतिकार के शास्त्र तथा विधि का प्रवर्तक गांधी, शान्तिधर्म का एकनिष्ठ अनुष्ठाता है।
- गांधीजी के तत्त्वज्ञान का मूल स्रोत सेवावृत्ति अवश्य है। लेकिन अन्याय के प्रतिकार में भी सेवावृत्ति का विनियोग उनकी अपूर्व विशेषता है।
- बापू के विचारों की विरासत ईश्वर की कृपा से मिली तो सही, लेकिन उनके जैसा दिल भगवान् ने नहीं दिया। इसलिए वे विचार हमारी बुद्धि को जँचते हैं परन्तु जीवन में नहीं समाते हैं।
- बापू का यह आग्रह था कि राजनीति में झूठ का सहारा नहीं लेना चाहिए। बापू की तेजस्वी एवं पुरुषार्थयुक्त राजनीति को देखकर ही हम उनके अनुयायी हो गये हैं।
- गांधीजी के मतों और विचारों का अर्थ लगाने का ठीका किसी का नहीं है। गांधीजी का खास वारिस, उनके विचारों का ठीकेदार कोई नहीं है। जिसे जो सत्य प्रतीत हो, जो हितकारी मालूम हो, उसका अमल वह पहले अपने जीवन में करे और अपनी मिसाल और तर्क द्वारा औरों के मत परिवर्तन की कोशिश करे, यह गांधीजी की शिक्षा का निचोड़ है।
- हिंसावर्जित समाजवाद गांधी-विचार की ओर दिन-पर-दिन अधिक झुकेगा और उसी में अपना सच्चा विकास देखेगा।
- गांधी गांधी इसीलिए था कि वह 'गांधियन' कभी नहीं था। नकली गांधी से असली दादा धर्माधिकारी कई गुना बेहतर है।
- गांधी का कोई दर्शन, कोई वाद न बने।
- गांधी को मैं भारतीय मानवता का प्रतीक मानता हूँ।

गांधी, जे० कृष्णमूर्ति, रमण महर्षि, श्री अरविन्द

- जे० कृष्णमूर्तिजी मन को शान्त करने की बात करते हैं।
- इन्द्रियों की शक्ति अतीन्द्रिय शक्ति के बहुत नजदीक पहुँच रही है। विनोबा कहते हैं- ब्रह्मज्ञान के बिना अब कोई चारा नहीं है। कृष्णमूर्ति ने कहा कि अब इससे परे

जाने की जरूरत है। इसका कारण क्या है ? इसका कारण यह है कि पहले योगियों की पहुँच में जो वस्तु थी वह आज सहज सुलभ हो रही है, मनुष्य वहाँ तक पहुँच गया है।

- कृष्णमूर्ति ने कहा है कि जिसका विकास करना पड़ता है वह सद्गुण नहीं है।
- कृष्णमूर्ति पूर्णता और अपूर्णता को नहीं मानते। सामाजिक क्रान्ति जैसी कोई चीज उनके मन में नहीं है। समाज नाम की कोई वस्तु है, उसमें क्रान्ति करनी है - वे यह नहीं मानते। मनुष्यों के एक दूसरे के साथ पारस्परिक सम्बन्ध हैं। यही वास्तविक है। समाज नाम की कोई स्वतंत्र वस्तु नहीं है।
- गांधी और कृष्णमूर्ति में समन्वय की कोशिश ही नहीं करनी चाहिए। दो भिन्न विभूतियों में समन्वय कहाँ होता है, इसका विचार हम न करें।
- कृष्णमूर्ति कहते हैं कि हरएक का मार्ग अपना होगा, एक का मार्ग दूसरे के काम का नहीं।
- रमण महर्षि, श्री अरविन्द और कृष्णमूर्ति जैसे आधुनिक आध्यात्मिक महापुरुषों ने यही मत व्यक्त किया है कि इस युग की जो समस्या है, वह न तो उतनी आर्थिक या राजनैतिक है, जितनी वैचारिक है। जहाँ महान् विचारों की एकवाक्यता होती है वह अक्सर सद्विचार होता है।
- प्रेम जब जीवन का मूल्य होता है, तो उसमें श्री अरविन्द, रमण महर्षि, कृष्णमूर्ति आदि सब आपके साथ हैं।
- कृष्णमूर्ति तो कहने लगे हैं कि यह सारा आत्मा पर आरोप ही है - हमारे जो आदर्श और ध्येय होते हैं, उनकी आकांक्षाएँ हमारे भीतर ही होती हैं। जैसे, मरते हैं, मरना नहीं चाहते तो स्वर्ग की कल्पना कर ली, जहाँ जीते ही रहेंगे और मरने का कभी मौका ही नहीं होगा। ऐसी कुछ आकांक्षाएँ जो चित्त में होती हैं, उनके अनुरूप मनुष्य अपने आदर्श निर्धारित कर लेता है।

पूँजीवाद

- पूँजीवाद के कारण, प्रतियोगिता के कारण, जितने अन्तर्विरोध हैं वे समाज के अन्तिम स्तर तक, छोटे-से-छोटे स्तर तक चले गये हैं।
- पूँजीवाद ने यंत्र का दुरुपयोग किया।
- उपभोग की वस्तुओं का अति संग्रह कुसंस्कार है।
- पूँजीवाद ने यंत्र-विज्ञान से लाभ उठा लिया, लेकिन यांत्रिक क्रान्ति और औद्योगिक क्रान्ति या व्यापारिक क्रान्ति दो अलग-अलग चीजें हैं।

- पूँजीवाद ने हमारे मन में यह भ्रम उत्पन्न कर दिया है कि बगैर फायदे के कोई मनुष्य काम कर ही नहीं सकता।
- व्यवसायवाद का सबसे बड़ा दोष यह है कि वह मानवीय मूल्यों के प्रति अन्धा होता है।
- मानवता का जो भी सजीव अंश है, वह बाजार में आ जाता है। आज इसका नतीजा यह हुआ है कि पूँजीवाद के उत्कर्ष के साथ व्यक्तित्व भी बिकता है।

समाजवाद-साम्यवाद

- सीमित साझेदारी जब सार्वत्रिक बन जाती है तब समाजवाद आ जाता है।
- जबरदस्ती में से काम की प्रेरणा नहीं आ सकती है और काम की कुशलता भी नहीं।
- लोक-स्वामित्व का असली अर्थ यह है कि स्वामित्व कहीं है ही नहीं! मनुष्य अधिकारी केवल उपभोग का है स्वामित्व- अधिकार का नहीं है।
- आवश्यकता ही वितरण की योग्यता है, पात्रता है।
- सामाजिकता का यह सूत्र है कि योग्यता और आवश्यकता के अनुरूप लोग देंगे और लेंगे। सबको सब कुछ मिल जाये तो विषमता नहीं होगी।
- 'कम्युनियन' का मतलब यह है कि मनुष्यों का मनुष्यों के साथ घनिष्ठ सम्बन्ध हो।
- 'कम्युनियन' का मतलब है, आत्मीयता का व्यवहार, हृदयों का मिलन।
- समूहवाद धर्म नहीं, सामाजिकता मनुष्य का धर्म है। समूहवाद मनुष्य का गला घोंट देती है।
- समाजवाद में ब्याज, किराया, ठीका, दलाली नहीं रहनी चाहिए।
- समाज में जिन नैतिक भावनाओं से परिवर्तन हुआ है, उन सबके मूल में करुणा है। इसलिए समाजवाद की मूल प्रेरणा कसौटी यही है कि सहानुभूति और करुणा उसमें कितनी है।
- मार्क्सवादियों ने करुणा और सहानुभूति की जगह द्वेष और मत्सर को रखा।

वर्ग-संघर्ष

- वर्ग संघर्ष यानी वर्ग का प्रतिकार, व्यक्तियों का प्रतिकार नहीं।
- जन्म के आधार पर मनुष्य का वर्गीकरण न हो।
- जाति का निराकरण और वर्ण का संरक्षण एक असम्भव प्रमेय है।

न्याय

- न्याय विवेक करता है, करुणा विवेक नहीं करती है।
- न्याय हृदयहीन है, इसलिए न्याय को करुणा के अनुपान की आवश्यकता है।

हिंसा

- तमाचा मारने से गाली देने में हिंसा अधिक है।
- शस्त्र प्रयोग की असफलता के बाद हाथ में कुछ भी नहीं रह जाता।
- चारित्र्य के प्रभाव का मतलब भी नैतिक दबाव ही है। हाथ की मर्यादा जहाँ आती है वहाँ हथौड़ा आ जाता है।
- यंत्रणा देने में जितनी क्रूरता है, मार डालने में उतनी क्रूरता नहीं।

साम्प्रदायिकता - जातीयता

- 'हिन्दू' सम्प्रदाय नहीं है इसलिए उसकी व्याख्या नहीं हो सकती। यह उसका बहुत बड़ा गुण, सबसे बड़ा गौरव और उसकी सबसे बड़ी विशेषता है। इसमें अनेक सम्प्रदाय हैं, लेकिन अपने में वह सम्प्रदाय नहीं है।
- हमारे देश की राजनीति में लोकसत्ता को, लोकनीति को कलुषित करनेवाला एक महान् राक्षस है-सम्प्रदायवाद।
- हिन्दुओं के जातिवाद से मुसलमानों का सम्प्रदायवाद इस देश में पनपा। इसलिए जैसा मुस्लिम सम्प्रदायवाद हिन्दुस्तान में है वैसा दुनिया में और कहीं नहीं है।
- सम्प्रदाय वह है जो लिया जा सकता है और जो छोड़ा जा सकता है। इसलिए वह आक्रमणशील होता है। जाति व्यवच्छेदक होती है, व्यावर्तक होती है। अलगपन उसमें होता है। क्योंकि वह ली नहीं जा सकती और दी नहीं जा सकती।
- तीनों ही बातों में जाति है- इसको छुओ मत, इसके साथ खाओ मत और इसके साथ विवाह मत करो। इन तीनों के सिवा कहीं जाति नहीं। इसे 'अस्पृश्य-भावना' कहते हैं।
- वर्ग-निराकरण, सम्प्रदाय- निराकरण, जाति-निराकरण- ये तीनों बातें जब तक नहीं होंगी, तब तक वास्तविक लोकसत्ता की स्थापना हमारे देश में नहीं हो सकती। इसलिए हमें तीनों का निराकरण करना होगा।
- सत्ता की राजनीति में एक गुण या एक दोष यह है कि इसमें कोई तत्त्व और सिद्धान्त स्थिर नहीं रहता। इसलिए जाति इसमें आ जाने पर जाति के निराकरण की प्रक्रिया आरम्भ हो जाती है। लोकसत्ता की बुनियादें सिर्फ कानून से और संविधान से नहीं बदली जा सकेंगी। लोकसत्ता का बाह्य आकार बदलने से भी लोकसत्ता की बुनियादें नहीं बदलती हैं। मुख्य बात यह है कि हमें लोकसत्ता का सन्दर्भ बदल देना होगा।

इसलिए मैंने वर्ग-निराकरण, सम्प्रदाय-निराकरण और जाति-निराकरण की बात कही। इसमें सत्ता और कानून से थोड़ी-बहुत सहायता हमको मिल सकती है।

- जब हम सम्प्रदाय को नागरिकता का आधार बना लेते हैं तो सम्प्रदायवादी बन जाते हैं।
- 'हिन्दू' शब्द अव्याख्येय है; क्योंकि यह सम्प्रदाय नहीं है।
- हिन्दुत्व में मुसलमानों का समावेश हो सकता था, लेकिन 'हिन्दू समाज' में नहीं।
- हिन्दू समाज की सबसे बड़ी कमजोरी उसकी जाति-संस्था रही है।
- वर्ण संकर का अर्थ यही है कि मेरा रक्त शुद्ध है, आपका रक्त अशुद्ध है। इन दोनों का मिश्रण नहीं होना चाहिए। यह वर्ण संकट कहलाता है।
- मनुष्य को जाति-संस्था से बचाने के लिए इतने अधिक नये सम्प्रदायों की, नये धर्मों की, नये पंथों की स्थापना हुई। नतीजा यह है कि इस देश में सम्प्रदायों की संख्या अब तक बढ़ती गयी।
- जातिवाद, सम्प्रदायवाद का निराकरण, प्रति-सम्प्रदायवाद से नहीं हो सकता।
- प्रति सम्प्रदायवाद से लोकसत्ता की स्थापना हरगिज नहीं हो सकती है। सम्प्रदायवाद और जातिवाद दोनों का ही निराकरण करना होगा तब कहीं लोकसत्ता की स्थापना हो सकती है।
- नागरिकता सम्प्रदाय और जाति, दोनों से भिन्न होनी चाहिए।
- धार्मिकता जब संगठित होती है तब वह सम्प्रदाय बनती है।
- सम्प्रदाय में संख्या मुख्य है, मनुष्य और ईश्वर मुख्य नहीं हैं।
- सम्प्रदायों में जब से संघर्ष है तब से उनमें ईश्वर नहीं रहा।
- वर्ण जातिनिष्ठ ही रह सकता है, व्यवसायनिष्ठ रह नहीं सकता।
- समाज में तब तक शक्ति नहीं आयेगी जब तक जाति की दीवार है।
- विचार में जब आग्रह आ जाता है तब वह 'सम्प्रदाय' में परिणत हो जाता है।
- सम्प्रदाय में जब आवेश और उन्माद आ जाता है, तब वह 'वाद' में परिणत हो जाता है।
- आज की दुनिया की समस्या विचार की समस्या है और अगर विचार को दुनिया में प्रस्थापित करना है, तो सम्प्रदाय और वाद का निराकरण करना होगा।
- समन्यवयात्मक समाज रचना के लिए वर्ण-व्यवस्था अत्यन्त प्रतिकूल व्यवस्था है।

लोकतंत्र-लोकसत्ता

- हमारी विधानसभाएँ पूर्णरूप से लोक- निर्वाचित होनी चाहिए और सारी कार्यकारिणी सरकारें लोक-सभाओं के प्रति पूर्ण रूप से जिम्मेवार होनी चाहिए।

- जिसके हाथ में सरकार होगी, उसे बहुमत बनाने की और बहुमत बनाये रखने की जो चिन्ता होगी उसी में उसका सारा वक्त निकल जायेगा। फिर लोक-कल्याण की ओर ध्यान देने के लिए उसके पास बहुत कम फुरसत रह जायेगी।
- हिन्दुओं में जाति ही वास्तविकता है और मुसलमान, सिख, ईसाइयों में सम्प्रदाय ही वास्तविकता है इस बात को हम भूलते हैं, इसलिए आज की हमारी लोकसत्ता में वास्तविकता नहीं आ सकी है।
- लोकसत्ता भी हो जाय और उसमें शक्ति न रहे, यह तो एक भयानक विरोध है। लोकसत्ता की बुनियादें अगर हमें बदलनी हैं तो हमें यह खोजना होगा कि उन बुनियादों में कौन-सी ऐसी चीजें आ गयी हैं जिनके कारण हमारी लोकसत्ता खोखली और कमजोर हो गयी है। मूल कारण यह है कि आज का हमारा समाज सम्प्रदायों और जातियों का बना हुआ है।
- राजा के हाथ में दण्ड नहीं रहेगा, तो फिर वह लोगों के हाथ में आ जायेगा, जैसा कि शिक्षण में हुआ है। मास्टर के हाथ से छड़ी निकल गयी, तो उसे अब लड़के ही पीटते हैं। यानी लड़कों के दिल से तो छड़ी निकली ही नहीं है, केवल मास्टर के हाथ से कानून ने निकाल ली। यह अराजकता है।
- बहुमत की कृपा पर और बहुमत के भरोसे पर जिस अल्पमत को निर्भर रहना पड़ता है, उसमें समाज का हित करने का कोई माद्दा नहीं होता।
- आधुनिक लोकशाही में लोगों की भूमिका सक्रिय बनाने का उपाय यही है कि निर्वाचन क्षेत्र ऐसा होना चाहिए, जहाँ लोग एक-दूसरे को जानते हो, एक-दूसरे से डरते नहीं, उनके वोट खरीदे न जा सकें। ऐसे एक-दूसरे को जाननेवाले लोग जब एकत्र होंगे, तब सामान्य मनुष्य में इतनी शक्ति और क्षमता आ जायेगी कि उसे अपना निज का नियंत्रण, अपने प्रतिनिधि के हाथ में सौंपना नहीं पड़ेगा। वह वस्तु-नियंत्रण की जिम्मेदारी उसे सौंपेगा और इस तरह से लोगों की, सामान्य जन-समुदाय की लोकशाही चरितार्थ हो सकेगी।
- लोकसत्ता का आरम्भ ममत्व से होता है और जिसे हम 'राज्यातीत स्थिति' या 'शासन - मुक्ति' कहते हैं।
- मेरी सत्ता तुम पर नहीं, तुम्हारी सत्ता मुझ पर नहीं। अपनी सत्ता अपने पर। यही वास्तविक 'लोकसत्ता' कहलाती है।
- लोकसत्ता की आधारभूत नीति लोकनीति कहलाती है। लोकनीति का अन्त कभी नहीं होता है।

- सबका हिस्सा है 'वोट'- मत और सबका त्याग है 'टैक्स'- कर। 'वोट' अधिकार का प्रतीक है 'कर' त्याग का।
- हर नागरिक का त्याग भी हो, हर नागरिक का अधिकार भी हो।
- जो दिखायी देते हैं और जो देखने वाले हैं वे दोनों 'लोक' हुए, जिनकी आँखें हैं वे 'लोक' अर्थात् उनमें अपनी चेतना भी होनी चाहिए।
- जनता यह अवश्य चाहती है कि व्यवस्था हो। लेकिन उस पर राज्य हो, यह वह कभी नहीं चाहती है।
- नागरिक अधिकार न माँगते, तो राजनीतिक झगड़ा न होता।
- यहाँ गरीब आदमी का राज्य हो गया और गरीब आदमी दुखी है। इसका मुख्य कारण यही है कि वोट छीने जाते हैं और वोट बेचे जाते हैं।
- आज की लोकशाही में तीन दोष हैं-अधिकार का दुरुपयोग, अराजकता या गुण्डाशाही का भय और घूसखोरी।
- समाज में हम जिसे 'गुण्डातत्त्व' कहते हैं वह अनुत्पादक और परोपजीवी वर्गों में से एक भयंकर वर्ग है। जितना अनुत्पादक और परोपजीवी थैलीवाला और तिजोरीवाला है, उतना ही अनुत्पादक और परोपजीवी यह लाठीवाला है।
- जहाँ अल्पमत और अल्पसंख्यकों के अधिकार सुरक्षित रहते हैं, वह समाज सुसंस्कृत और सभ्य है।
- मत-स्वातंत्र्य का अर्थ है-बहुमत से भिन्न मत रखने की और प्रकट करने की आजादी। भिन्न मत का ही नाम स्वतंत्र मत है।
- एक नागरिक और दूसरे नागरिक के बीच जो भय है, वह भय यदि समाप्त होता है तो लोकशाही आती है। राजनीति में प्रशासन होता है और लोकनीति में अनुशासन।
- लोकतंत्र में सरकार और कानून की जरूरत हमेशा रहेगी।
- विचार स्वातंत्र्य और मत-स्वातंत्र्य ही लोकतंत्र की बुनियाद है।
- अल्पसंख्या की स्वतंत्रता और सुरक्षितता लोकतंत्र की विशेषता है।
- जिस व्यवस्था में समझना और समझाना अधिक-से-अधिक होता है वही 'लोकतंत्र' कहलाती है।
- राजनीति से स्वतंत्रता का अर्थ है, राज्य-निरपेक्ष लोकशक्ति। राज्य-निरपेक्ष लोक-शक्ति तटस्थ है।

वर्ण-व्यवस्था

- वर्णव्यवस्था के कारण समाज व्यवसायनिष्ठ बन गया है। व्यवसायवाद का सबसे बड़ा दोष यह है कि वह मानवीय मूल्यों के प्रति अन्धा होता है।

- संसार के सभी लोकमान्य ग्रन्थों की किस्मत में यह लिखा हुआ होता है कि जिसका जी चाहे वह उनके मनमाने अर्थ निकाले और अपना उल्लू सीधा कर ले।
- एक का उद्धार दूसरा नहीं कर सकता। हरिजन का उद्धार सवर्ण नहीं कर सकता।
- अस्पृश्य भावना से सवर्णों का अधःपतन हो गया है। अतः आत्मशुद्धि के लिए उन्हें हरिजन सेवा करनी चाहिए।
- अपना उद्धार हम ही कर सकते हैं, यह अबाधित सिद्धान्त है।

उत्पादन- प्रक्रिया

- उत्पादन विभूति के विकास की प्रक्रिया है। सारा-का-सारा हमारा व्यक्तित्व जिस-जिस प्रक्रिया से प्रकट होता है ऐसी एक प्रधान क्रिया उत्पादन है।
- अस्वाद का एक सामाजिक अर्थ है और वह यह है कि उत्पादन मेरे लिए नहीं होगा, समाज के लिए होगा।
- मनुष्य और उसके उपकरणों में एक सांस्कृतिक सम्बन्ध है
- प्रचुर उत्पादन की जो पद्धति हो, उसमें से मनुष्य की मनुष्यता का, उसके व्यक्तित्व का विकास हो।
- औजार के विषय में एक प्रकार की आत्मीयता जब मनुष्य के मन में होती है तो उत्पादन में से एक अद्भुत सांस्कृतिक मूल्य पैदा होता है।
- उद्योग में कलात्मकता और कौशल होता है। उद्योग में प्रगति नहीं है जो उत्कृष्टता की ओर ले जाती हो।
- उत्पादन में उपकरणों का संयोजन मनुष्य के व्यक्तित्व के अनुरूप होना चाहिए।
- उत्पादन की पद्धति में मनुष्य की अभिरुचि व्यक्त होनी चाहिए।
- वर्ण व्यवस्था में जो बुराई आयी है, वही बुराई बड़े पैमाने के केन्द्रीकरण के उत्पादनों में आनेवाली है।

अर्थ-चिन्तन

- मनुष्य का अर्थशास्त्र मानवीय भी होना चाहिए।
- वर्ग एक अव्यक्त या अमूर्त भावना है। दरअसल व्यक्तियों के संयोग से ही वर्ग बनता है।
- वितरण पहले हुआ बिक्री की बुनियाद पर। उसके बाद हुआ उपभोग की बुनियाद पर। उसके बाद हुआ मनुष्य की बुनियाद पर।

- अर्थ-व्यवस्था में मनुष्य को अपने उत्तरदायित्व का भान रहे।
- उद्योग और कला में विच्छेद न हो।
- प्रेरणा में बाधक होने वाली अर्थ-व्यवस्था का हमें निराकरण करना है।

ट्रस्टीशिप

- अपरिग्रह की वृत्ति का अर्थ यह है कि जरूरत की चीज भी जो मैं रखता हूँ, वह अपने स्वामित्व के लिए नहीं रखता।
- ट्रस्टीशिप का अर्थ यह है कि परम्परा से और परिस्थिति से जो धन मुझे प्राप्त हो गया है उसे समाज का समझकर जल्दी उससे मुक्त हो जायँ।
- केवल धनिक ही ट्रस्टी नहीं है, श्रमिक भी ट्रस्टी है। बहुत सम्पत्ति, धन या संग्रहवाला ही नहीं, अल्प संग्रहवाला भी ट्रस्टी है।
- ट्रस्टीशिप से सम्पत्ति के प्रति, स्वामित्व के प्रति, मनुष्य का रुख बदलना चाहिए और सम्पत्ति पर आधारित मनुष्यों के जो सम्बन्ध हैं, उनमें परिवर्तन होना चाहिए। अगर यह नहीं हैं, तो ट्रस्टीशिप एक प्राचीन परम्परागत संस्था बन जाती है, जिसे हम दान-वृत्ति की संस्था कहते हैं। उसमें किसी प्रकार की समाज परिवर्तन की शक्ति पैदा नहीं होती।

युद्ध और शान्ति

- युद्ध चाहे सशस्त्र हो या निःशस्त्र, उसकी अपनी निश्चित मर्यादाएँ होती हैं। खास नियम होते हैं और नियत अनुशासन होता है।
- अगर युद्ध आयेगा तो सभ्यता का अन्त होगा और दूसरी तरफ संहार के एक-से-एक भयंकर अस्त्रों का आविष्कार करने में संसार के शक्तिशाली राष्ट्र अपनी शान समझेंगे।
- विशेषज्ञों की ही पृथ्वी पर वास्तविक सत्ता होगी तो युद्ध के जमाने में मनुष्य लड़ाई के मैदान पर मरने के काम आयेगा, लेकिन लड़ाई के बाद मनुष्य अपने आप में एक समस्या बन जायेगा।
- जिसे हम शान्ति काल कहते हैं, वह असल में युद्धविराम की अवस्था होती है।
- सबसे अधिक ज्वालाग्राही पदार्थ मनुष्य का हृदय है। इसलिए उसके आशय को बदल देना शान्ति स्थापना की पहली, दूसरी और अन्तिम शर्त है।
- निरन्तर युद्ध क्षमता बढ़ाते रहने से शान्ति की स्थापना कभी नहीं हो सकती। उसके लिए युद्ध-विरोधी मनोवृत्ति का विकास करना होगा।

- युद्ध की वृत्ति का और युद्ध की तैयारी का बहुत बड़े निग्रह के साथ त्याग करना पड़ेगा।
- शान्तिप्रेम का मतलब समभीरुता या सुरक्षावाद नहीं है।
- युद्ध में जो एकता होती है, वह सापेक्ष एकता है। वह वास्तविक एकता नहीं है!
- विज्ञान के जमाने में मारने में वीरता ही नहीं रह गयी है, रह गयी है सिर्फ क्रूरता।
- दुनिया में हिंसा कभी अपने नाम पर आज तक नहीं चली।

निःशस्त्रीकरण

- जमाना अब यह घोषणा कर रहा है कि निःशस्त्रीकरण के सिवा अब मानवीय मूल्यों की स्थापना नहीं हो सकती।
- सम्पूर्ण स्वेच्छा से किया हुआ निःशस्त्रीकरण भी हमेशा अहिंसक नहीं होता।
- आर्थिक और सामाजिक विषमता का निराकरण नहीं करेंगे, तो निःशस्त्रीकरण को निबाह नहीं सकेंगे।
- वीरता हमेशा शस्त्रनिरपेक्ष होती है। शस्त्रधारी की वीरता भी शस्त्रनिरपेक्ष होती है।
- निःशस्त्रीकरण समाज परिवर्तन के लिए आवश्यक है।

भाषावाद

- जब भाषा के साथ सत्ता जुड़ जाती है तो उसे 'भाषावाद' कहते हैं।
- मनुष्य की कोई खास भाषा नहीं होती है इसलिए कोई भाषा अपनी और कोई भाषा परायी नहीं है।
- जो भाषा भिन्न भाषिकों को एक-दूसरे के निकट लाती है, वह समृद्ध भाषा है।

भगवान् और शैतान

- प्रकाश के बिना अन्धेरा दिखायी नहीं देता है। भगवान् की सत्ता न हो, तो शैतान दिखायी नहीं देता है। शैतान का अपने में स्वतंत्र अस्तित्व नहीं है। बुराई अभावरूप है, दुर्गुण अभावरूप है। सद्गुण भावरूप है। इसलिए सारे दुर्गुण सद्गुणों के आधार पर जीते हैं। दुर्गुण अपने आधार पर कभी जी नहीं सकता। उसे सद्गुण का आधार लेना पड़ता है। शैतान जीता है, तो भगवान् के आधार पर जीता है। इसे 'आस्तिकता' कहते हैं। यह लोकसत्ता का आधारभूत तत्त्व है।
- लोकसत्ता के सन्दर्भ में आस्तिक वह है, जिसका मनुष्य की मूलभूत सत्प्रवृत्ति में विश्वास है, जो यह मानता है कि मनुष्य मूलतः सत्प्रवृत्त है और परिस्थितिजन्य विकारों से ही

वह दुष्ट होता है। दुनिया में नष्ट, खोया हुआ, कोई नहीं है, सबका उद्धार हो सकता है।

जीवन-मृत्यु

- मृत्यु को और जिन्दगी को बाँट लेने की जो शक्ति है, वह मनुष्य की बुद्धि-शक्ति कहलाती है। यह पशु में नहीं है। मनुष्य की जीवन-शक्ति शस्त्र में नहीं है, यंत्र में नहीं है, राज्य में नहीं है, मनुष्य की जीवन-शक्ति जिन्दगी को बाँटने की उसकी कला में है। उसकी जीवन-शक्ति इसी में है कि वह जीवन को बाँट सके, मृत्यु को बाँट सके। मृत्यु को बाँटने से मृत्यु समाप्त हो जाती हैं जीवन को बाँटने से जीवन अनन्त हो जाता है।

आस्तिकता-नास्तिकता

- भगवान् का नाम जो नहीं लेता, वह निरीश्वरवादी, नास्तिक नहीं होता। निरीश्वरवाद अलग वस्तु है, नास्तिकता अलग। कोई भी व्यक्ति, भले ही वह आत्मा को और ब्रह्म को न मानता हो, यदि दूसरे के दुख से दुखी होता है, दूसरे के सुख से सुखी होता है और विषमता को सह नहीं सकता, तो वह 'आस्तिक' है।
- भगवान् के दरबार में सभी भक्त समान हैं।
- दुर्जन की भी सत्प्रवृत्ति में विश्वास, सामान्य मनुष्य की सत्प्रवृत्ति में मूलभूत श्रद्धा, आस्तिकता की पहचान है।
- ईश्वरपरायणता में हिन्दुत्व नहीं है और खुदापरस्ती में मुसलमानत्व नहीं है।
- मनुष्य की नास्तिकता में जो निष्ठा है वही उसका ईश्वर है।
- मनुष्य स्वभावतः सत्-प्रवृत्त है। दुष्वृत्ति विकार है, सत्प्रवृत्ति ही उसका मूल स्वभाव है। इसे मैं आस्तिकता कहता हूँ।

41. अध्यात्म और विज्ञान

- आज एक तरफ विज्ञान है, दूसरी तरफ धर्म। विज्ञान अन्तर्राष्ट्रीय है, धर्म साम्प्रदायिक।
- अब वेदान्त और विज्ञान एक हो जाने चाहिए। अध्यात्म-विद्या और भौतिक-विद्या दोनों अब एक हो जायँ।
- धर्म मनुष्य को एक तरफ खींच रहा है, विज्ञान दूसरी तरफ। मनुष्य का व्यक्तित्व विदीर्ण हो रहा है।
- न तो विज्ञान अध्यात्म को परास्त कर सका है और न अध्यात्म विज्ञान को। विज्ञान और धर्म का निरन्तर विरोध चलता आया है।

- विज्ञान मनुष्य को प्रमुखवादी न बनाये बल्कि मनुष्य का सृष्टि से तादात्म्य बढ़ाये।
- अगर सृष्टि के सुसंवादी ताल से विज्ञान का कदम नहीं मिलेगा, तो विज्ञान का उपयोग संहार के लिए होगा।
- हम विज्ञान का उपयोग मोक्ष के लिए कभी नहीं करेंगे, मुनाफे के लिए ही करेंगे।
- हमें अब 'वैज्ञानिक धर्म' और 'धार्मिक विज्ञान' की स्थापना करनी होगी।

❐❐

भारत रत्न विनोबा भावे

समाजशास्त्र, साहित्य, संस्कृति, राजनीतिशास्त्र, अर्थशास्त्र, भाषा, लिपि आदि शायद ही कोई विषय होगा जिसे विनोबा की प्रतिभा ने स्पर्श नहीं किया हो। हर विषय का चिंतन मनुष्य जाति के लिए प्रेरणा स्रोत है। उनका चिंतन केवल शाब्दिक नहीं था। कर्मयोग के आचरण एवं कठिन साधना से वह निकला था। घटनाओं, प्रवाहों के पीछे काम कर रही सूक्ष्म शक्तियों को उनकी पैनी नज़र पकड़ लेती सदियों तक मनुष्य जाति का मार्गदर्शन करने की क्षमता रखते हैं।

भारत रत्न विनोबा भावे

जीवन परिचय :

विनायक नरहरि भावे का जन्म 11 सितंबर, 1895 को महाराष्ट्र के कोंकण क्षेत्र में एक गांव गागोडे में चितपावन ब्राह्मण परिवार में हुआ था। पिता नरहरि भावे गणित के प्रेमी और वैज्ञानिक सूझबूझ वाले थे। रसायन विज्ञान में उनकी रुचि थी। उन दिनों रंगों को बाहर से आयात करना पड़ता था। नरहरि भावे रात-दिन रंगों की खोज में लगे रहते। बस एक धुन थी उनकी कि भारत को इस मामले में आत्मनिर्भर बनाया जा सके।

उनकी माता रुक्मणी बाई विदुषी महिला थीं। उदार-चित्त, आठों याम भक्ति-भाव में डूबी रहतीं। विनोबा के अलावा रुक्मणी बाई के दो और बेटे थे- वाल्कोबा और शिवाजी। विनायक से छोटे वाल्कोबा। शिवाजी सबसे छोटे। माँ का स्वभाव विनायक ने भी पाया था। उनका मन भी हमेशा अध्यात्म चिंतन में लीन रहता। न उन्हें खाने-पीने की सुध रहती थी। न स्वाद की खास पहचान थीं। माँ जैसा परोस देतीं, चुपचाप खा लेते। रुक्मिणी बाई का गला बड़ा ही मधुर था। भजन सुनते हुए वे उसमें डूब जातीं।

बालक विनायक को माता-पिता दोनों के संस्कार मिले। गणित की सूझ-बूझ और तर्क-सामर्थ, विज्ञान के प्रति गहन अनुराग, परंपरा के प्रति वैज्ञानिक दृष्टिकोण और तमाम तरह के पूर्वाग्रहों से अलग हटकर सोचने की कला उन्हें पिता की ओर से प्राप्त हुई। जबकि माँ की ओर से मिले धर्म और संस्कृति के प्रति गहन अनुराग, प्राणीमात्र के कल्याण की भावना। जीवन के प्रति सकारात्मक दृष्टिकोण, सर्वधर्म समभाव, सहअस्तित्व और ससम्मान की कला।

शिक्षा :

1915 में उन्होंने हाई स्कूल की परीक्षा पास की। अब आगे क्या पढ़ा जाए। वैज्ञानिक प्रवृत्ति के पिता और अध्यात्म में डूबी रहने वाली माँ का वैचारिक द्वंद्व वहां भी अलग-

अलग धाराओं में प्रकट हुआ। पिता ने कहा - "फ्रेंच पढ़ो।" माँ बोलीं - "ब्राह्मण का बेटा संस्कृत न पढ़े, यह कैसे संभव है!" विनोबा ने उन दोनों का मन रखा। इंटर में फ्रेंच को चुना। संस्कृत का अध्ययन उन्होंने निजी स्तर पर जारी रखा। उन दिनों फ्रेंच ज्ञान-विज्ञान के क्षेत्र में हो रही क्रांति की भाषा थी। बड़ौदा पुस्तकालय दुर्लभ में पुस्तकों एवं पांडुलिपियों का खजाने था। विद्यालय से छुट्टी मिलते ही वह पुस्तकालय में जाकर अध्ययन में डूब जाते। दर्शनशास्त्र उनका प्रिय विषय था। आश्रम में दाखिल होने के कुछ महिनों के भीतर ही दर्शनशास्त्र की आगे की पढ़ाई के लिए उन्होंने एक वर्ष का अध्ययन अवकाश लिया था। बचपन में बहुत कुशाग्र बुद्धि थे विनोबा। गणित उनका प्रिय विषय था। विनोबा कोरी गणितीय गणनाओं में आध्यात्मिक तत्व कैसे खोज लेते थे।

उन दिनों इंटर की परीक्षा के लिए मुंबई जाना पड़ता था। विनोबा भी तय कार्यक्रम के अनुसार 25 मार्च, 1916 को मुंबई जाने वाली रेलगाड़ी में सवार तो हो गए लेकिन मस्तिष्क में उथल-पुथल मची हुई थी उसके बाद क्या? क्या यही उनके जीवन का लक्ष्य है? विद्यालय के प्रमाणपत्र और कालिज की डिग्रियां उनका अभीष्ठ नहीं हैं। ट्रेन सूरत पहुंची। विनोबा उससे नीचे उतर आए। दूसरे प्लेटफार्म पर पूर्व की ओर जाने वाली रेलगाड़ी मौजूद थी। विनोबा को लगा कि हिमालय एक बार फिर उन्हें आमंत्रित कर रहा है। गृहस्थ जीवन या संन्यास। मन में कुछ देर तक संघर्ष चला। उन्होंने उन्होंने निर्णय लिया और उसी गाड़ी में सवार हो गए। संन्यासी अपनी पसंदीदा यात्रा पर निकल पड़ा।

विनोबा का तन दुर्बल था। बचपन से ही कोई न कोई व्याधि लगी रहती। मगर मन-मस्तिष्क पूरी तरह चैतन्य। मानो शरीर की सारी शक्तियां सिमटकर दिमाग में समा गई हो। स्मृति विलक्षण थी। किशोर विनायक ने वेद, उपनिषद के साथ-साथ संत ज्ञानेश्वर, तुकाराम, नामदेव के सैकड़ों पद अच्छी तरह याद कर लिए थे। गीता उन्हें बचपन से ही कंठस्थ थी। आगे चलकर चालीस हजार श्लोक भी उनके मानस में अच्छी तरह रम गए।

माँ रुक्मणी बाई :

रुक्मणी बाई ने बच्चों के लिए एक नियम बनाया हुआ था कि भोजन तुलसी के पौधे को पानी देने के बाद ही मिलेगा। विन्या बाहर से खेलकर घर पहुंचते, भूख से आकुल-व्याकुल। माँ के पास पहुंचते ही कहते - "माँ, भूख लगी है, रोटी दो।"

"रोटी तैयार है, लेकिन मिलेगी तब पहले तुलसी को पानी पिलाओ।" माँ आदेश देती।

"नहीं माँ, बहुत जोर की भूख लगी है।" अनुनय करते हुए बेटा माँ की गोद में समा जाता। माँ को उस पर प्यार हो आता। परंतु नियम-अनुशासन अटल था। वो प्यार से फिर

कहतीं - "तो पहले तुलसी के पौधे की प्यास बुझा।" बालक विन्या तुलसी के पौधे को पानी पिलाता, फिर भोजन पाता।

माँ अक्सर समझाते हुए कहतीं- "विन्या, गृहस्थाश्रम का भली-भांति पालन करने से पितरों को मुक्ति मिलती है।" लेकिन विन्या पर तो गुरु रामदास, संत ज्ञानेश्वर और शंकराचार्य का भूत सवार रहता। इन सभी महात्माओं ने अपनी आध्यात्मिक तृप्ति के लिए बहुत कम आयु में अपने माता-पिता और घर-परिवार का बहिष्कार किया था। वे कहते - "माँ जिस तरह समर्थ गुरु रामदास घर छोड़कर चले गए थे, एक दिन मुझे भी उसी तरह प्रस्थान कर देना है।" मगर रुक्मिणी बाई तो जैसे किसी और ही मिट्टी की बनी थीं। वे बड़े प्यार से बेटे को समझातीं - "विन्या, अगर मैं पुरुष होती तो सिखाती कि वैराग्य क्या होता है।"

युवावस्था के प्रारंभिक दौर में ही विनोबा आजन्म ब्रह्मचारी रहने की ठान चुके थे। विनायक की बड़ी बहन का विवाह तय हुआ तो मानो परीक्षा की घड़ी भी करीब आ गई। उन्होंने तय कर लिया कि विवाह के अवसर पर भोज से दूर रहेंगे। कोई टोका-टाकी न करे, इसलिए उन्होंने उस दिन उपवास रखने की घोषणा कर दी। बहन के विवाह में भाई उपवास रखे, यह भी उचित न था। पिता तो सुनते ही नाराज हो गए। मगर माँ ने बात संभाल ली। उन्होंने बेटे को साधारण 'दाल-भात' खाने के लिए राजी कर लिया। यही नहीं अपने हाथों से अलग पका कर भी दिया। धूम-धाम से विवाह हुआ। विनायक ने खुशी-खुशी उसमें हिस्सा लिया।

जब संन्यास के लिए घर छोड़ा तो माँ की एक लाल किनारी वाली धोती और उनके पूजा घर से एक मूति साथ ले गए। मूर्ति तो उन्होंने दूसरे को भेंट कर दी थी। मगर माँ की धोती जहां भी वे जाते, अपने साथ रखते। सोते तो सिरहाने रखकर। जैसे माँ का आशीर्वाद साथ लिए फिरते हों। संन्यासी मन भी माँ की स्मृतियों से पीछा नहीं छुटा पाया था। माँ के संस्कार ही विनोबा की आध्यात्मिक चेतना की नींव बने। उन्हीं पर उनका जीवनदर्शन विकसित हुआ। उन्होंने रचनात्मकता और अध्यात्म के क्षेत्र में जो ख्याति अर्जित की उसके मूल में भी माँ की ही प्रेरणाएं थीं।

रुक्मणी बाई कम पढ़ी-लिखीं थीं। संस्कृत समझ नहीं आती थीं। मन था कि गीता-ज्ञान के लिए तरसता रहता। एक दिन माँ ने कहा- "विन्या, संस्कृत की गीता समझ में नहीं आती।"

विनोबा गीता के तीन-चार मराठी अनुवाद खरीद लाए। लेकिन समस्या जब की तस थी। एक दिन माँ ने कहा- "तू नहीं क्यों नहीं करता नया अनुवाद।" माँ ने जैसे चुनौती पेश

कर दी थी विनोबा के सामने। 21 वर्ष की अवस्था और गीता का सरल अनुवाद? माँ को बेटे की क्षमता पर पूरा विश्वास था। "तू करेगा...तू कर सकेगा विन्या!" माँ के मुंह से बरबस निकल पड़ा, मानो आशीर्वाद दे रही हो। विनोबा का मन गीता हो गया। उन्होंने अनुवादकर्म के निमित्त कलम उठाई। शायद नियति को कुछ और ही मंजूर था। अनुवाद का काम सन् 1931 में पूरा हुआ परंतु जिसके लिए वह संकल्प साधा था, वह उस उपलब्धि को देख सकीं। माँ रुक्मणी बाई का निधन 24 अक्टूबर, 1918 को ही हो चुका था। विनोबा ने इसे भी ईश्वर इच्छा माना और अनुवादकार्य में लगे रहे। पुस्तक का नाम रखा गया - गीताई। गीता+आई = गीताई। महाराष्ट्र में 'आई' का अभिप्राय 'माँ के प्रति' से है। यानि माँ की स्मृति उसके नेह से जुड़ी-रची गीता। गांधी जी ने सुना तो अनुवाद कर्म की भूरि-भूरि प्रशंसा की। जो महिलाएं संस्कृत नहीं जानती थीं, जिन्हें अपनी भाषा का भी आधा-अधूरा ज्ञान था, उनके लिए सहज-सरल भाषा में रची गई 'गीताई', गीता की आध्यात्मिकता में डूबने के लिए वरदान बन गई।

नामकरण

विनोबा नाम महात्मा गांधी ने दिया था। महाराष्ट्र में नाम के पीछे 'बा' लगाने का जो चलन है, उसके अनुसार. तुकोबा, विठोबा और विनोबा। इसके बाद विनायक नरहरि भावे को विनोबा भावे के नाम से पहचाना गया। आचार्य विनोबा भावे भारत के स्वतंत्रता संग्राम सेनानी, सामाजिक कार्यकर्ता तथा प्रसिद्ध गांधीवादी नेता थे। उन्हे भारत का राष्ट्रीय अध्यापक और महात्मा गांधी का आध्यात्मिक उत्तराधिकारी समझा जाता है।

विनोबा से पहली ही मुलाकात में प्रभावित होने पर गांधी जी ने सहज-मन से कहा था - "बाकी लोग तो इस आश्रम से कुछ लेने के लिए आते हैं, एक यही है जो हमें कुछ देने के लिए आया है।"

घटना उस समय की है जब वे गांधी जी के आश्रम में प्रवेश कर चुके थे तथा उनके रचनात्मक कार्यों में बढ़-चढ़कर हिस्सा ले रहे थे। आश्रम में सुबह-शाम प्रार्थना सभाएं होतीं। उनमें उपस्थित होने वाले आश्रमवासियों की नियमित गिनती की जाती। यह जिम्मेदारी एक कार्यकर्ता थी। प्रसंग यह है कि एक दिन प्रार्थना सभा के बाद जब उस कार्यकर्ता ने प्रार्थना में उपस्थित हुए आगंतुकों की संख्या बताई तो विनोबा झट से प्रतिवाद करते हुए बोले - "नहीं इससे एक कम थी।" कार्यकर्ता को अपनी गिनती पर विश्वास था, इसलिए वह भी अपनी बात पर अड़ गया। कर्म में विश्वास रखने वाले विनोबा आमतौर पर बहस में पड़ने से बचते थे। मगर उस दिन वे भी अपनी बात पर अड़ गए। आश्रम में विवादों

का निपटान बापू की अदालत में होता था। गांधी जी को अपने कार्यकर्ता पर विश्वास था। मगर जानते थे कि विनोबा यूं ही बहस में नहीं पड़ने वाले। वास्तविकता जानने के लिए उन्होंने विनोबा की ओर देखा। तब विनोबा ने कहा - "प्रार्थना में सम्मिलित श्रद्धालुओं की संख्या जितनी इन्होंने बताई उससे एक कम ही थी।"

"वह कैसे?"

"इसलिए कि एक आदमी का तो पूरा ध्यान वहां उपस्थित सज्जनों की गिनती करने में लगा था।" गांधीजी विनोबा का तर्क समझ गए। प्रार्थना के काम में हिसाब-किताब और दिखावे की जरूरत ही क्या? आगे से प्रार्थना सभा में आए लोगों की गिनती का काम रोक दिया गया।

पिता का देहावसान

विनोबा धार्मिक संस्कारों में पाखंड के विरोधी थे। माँ के निधन के समय भी विनोबा का अपने पिता और भाइयों से मतभेद हुआ। विनोबा ब्राह्मणों के हाथ से परंपरागत तरीके से दाह-संस्कार का विरोध कर रहे थे। परिवार वालों की जिद के आगे उनकी एक न चली। विनोबा भी अपने सिद्धांतों पर अडिग थे। माँ के अंतिम संस्कार से वह दूर ही रहे। माँ को उन्होंने भीगी आंखों से मौन विदाई दी। 29 अक्टूबर, 1947 को विनोबा के पिता का निधन हुआ तो उन्होंने वेदों के निर्देश कि 'मिट्टी पर मिट्टी का ही अधिकार है' का पालन करते हुए उनकी देह को अग्नि-समर्पित करने के बजाय, मिट्टी में दबाने जोर दिया। तब तक विनोबा संत विनोबा हो चुके थे। गांधी जी का उन्हें आशीर्वाद था। इसलिए इस बार उन्हीं की चली।

ब्रह्म की खोज

ब्रह्म की खोज, सत्य की खोज के साथ उन्होंने घर छोड़ा था। हिमालय की ओर यात्रा जारी थी। बीच में काशी का पड़ाव आया। गंगा तट पर विनोबा भटक रहे थे। भटकते हुए वे एक स्थान पर पहुंचे जहां कुछ सत्य-साधक शास्त्रार्थ कर रहे थे। विषय था अद्वैत और द्वैत में कौन सही। बहस को समापन की ओर ले जाते हुए अचानक घोषणा कर दी गई कि अद्वैतवादी की जीत हुई है। विनोबा चैंके। उनकी हंसी छूट गई।

"नहीं, अद्वैतवादी ही हारा है।" विनोबा के मुंह से बेसाख्ता निकल पड़ा। एक युवा, जिसकी उम्र बीस-इकीस वर्ष की रही होगी, दिग्गज विद्वानों के निर्णय को चुनौती दे रहा था। जिस समय शंकराचार्य ने मंडन मिश्र को पराजित किया, उस समय उनकी उम्र भी लगभग वही थी, जो उस समय विनोबा की थी।

"यह तुम कैसे कह सकते हो ? जबकि द्वैतवादी सबके सामने अपनी पराजय स्वीकार

कर चुका है।" एक ने सवाल किया।

"नहीं यह अद्वैतवादी की ही पराजय है।" विनोबा अपने निर्णय पर दृढ़ थे।

"कैसे ?"

"जब कोई अद्वैतवादी द्वैतवादी से शास्त्रार्थ करना स्वीकार कर ले, तो समझो कि उसने पहले ही हार मान ली है।" वहां उपस्थित विद्वानों को विनोबा की बात सही लगी। कुछ साधु विनायक को अपने संघ में शामिल करने को तैयार हो गए। कुछ तो उन्हें अपना गुरु बनाने तक को तैयार थे। अपनी जिज्ञासा और असंतोष को लिए विनोबा वहां से आगे बढ़ गए। इस बात से अनजान कि काशी ही उन्हें आगे का रास्ता दिखाएगी और उन्हें उस रास्ते पर ले जाएगी, जिधर जाने के बारे उन्होंने अभी तक सोचा भी नहीं है। मगर जो उनकी वास्तविक मंजिल है।

गांधी से मुलाकात

एक ओर विनोबा संन्यास की साध में, सत्यान्वेषण की ललक लिए काशी की गलियों में, घाटों पर भटक रहे थे। वहीं दूसरी ओर एक और जिज्ञासु भारत को जानने, उसके हृदयप्रदेश की धड़कनों को पहचानने, उससे आत्मीयता भरा रिश्ता कायम करने के लिए भारत-भ्रमण पर निकला हुआ हुआ था। वह कुछ ही महीने पहले दक्षिण अफ्रीका से बेशुमार ख्याति बटोरकर लौटा था। आगे उसकी योजना भारतीय राजनीति में दखल देने की थी। उस साधक का नाम था- मोहनदास करमचंद गांधी।

काशी में महामना मदन मोहन मालवीय द्वारा स्थापित हिंदू विश्वविद्यालय में एक बड़ा जलसा हो रहा था। 4 फरवरी, 1916, उस सम्मेलन में गांधी जी ने ऐतिहासिक भाषण दिया। उन राजा-सामंतों की खुली आलोचना करते हुए गांधी जी ने कहा कि अपने धन का सदुपयोग राष्ट्रनिर्माण के लिए करें। उसको गरीबों के कल्याण में लगाएं। उन्होंने आवाह्न किया कि वे व्यापक लोकहित में अपने सारे आभूषण दान कर दें। वह एक क्रांतिकारी अपील थी। अगले दिन उस सम्मेलन की खबरों से अखबार रंगे पड़े थे। विनोबा ने समाचार पत्र के माध्यम से ही गांधी जी के बारे में जाना। उन्होंने वहीं से गांधी जी के नाम पत्र लिखा। जवाब आया। गांधी जी के आमंत्रण के लिए विनोबा तो उसकी प्रतीक्षा कर ही रहे थे।

7 जून, 1916 को विनोबा की गांधी से पहली भेंट हुई। उसके बाद तो विनोबा गांधी जी के ही होकर रह गए। गांधी जी ने भी विनोबा की प्रतिभा को पहचान लिया था। पहली मुलाकात के बाद गांधी जी की टिप्पणी थी - "अधिकांश लोग यहां से कुछ लेने के लिए आते हैं, यह पहला व्यक्ति है, जो कुछ देने के लिए आया है।" काफी दिन बाद अपनी पहली भेंट

को याद करते हुए विनोबा ने कहा था - "जिन दिनों में काशी में था, मेरी पहली अभिलाषा हिमालय की कंदराओं में जाकर तप-साधना करने की थी। दूसरी अभिलाषा थी, बंगाल के क्रांतिकारियों से भेंट करने की। लेकिन इनमें से एक भी अभिलाषा पूरी न हो सकी। समय मुझे गांधी जी तक ले गया। वहां जाकर मैंने पाया कि उनके व्यक्तित्व में हिमालय जैसी शांति है तो बंगाल की क्रांति की धधक भी। मैंने छूटते ही स्वयं से कहा था, मेरे दोनों इच्छाएं पूरी हुईं।

गांधी जी को जब पता चला कि विनोबा अपने माता-पिता को बिना बताए आए हैं, उन्होंने वहीं से विनोबा के पिता के नाम एक पत्र लिखा कि विनोबा उनके साथ सुरक्षित

हैं। उसके बाद उनके संबंध लगातार प्रगाढ़ होते चले गए। विनोबा ने खुद को गांधी जी के आश्रम के लिए समर्पित कर दिया। अध्ययन, अध्यापन, कताई, खेती के काम से लेकर सामुदायिक जीवन तक आश्रम की हर गतिविधि में वह आगे रहते। गांधी वैसा ही आश्रम वर्धा में भी चाहते थे। वहां पर ऐसे अनुशासित कार्यकर्ता की आवश्यकता थी, जो आश्रम को गांधी जी के आदर्शों के अनुरूप चला सके। इसके लिए विनोबा सर्वथा अनुकूल पात्र थे और गांधी जी के विश्वसनीय भी। 8 अप्रैल, 1923 को विनोबा वर्धा के लिए प्रस्थान कर गए। वहां उन्होंने 'महाराष्ट्र धर्म' मासिक का संपादन शुरू किया।

द्वितीय विश्व युद्ध में भूमिका

द्वितीय विश्व युद्ध के समय युनाइटेड किंगडम द्वारा भारत देश को जबरन युद्ध में झोंका जा रहा था। जिसके विरुद्ध एक व्यक्तिगत सत्याग्रह 17 अक्तूबर, 1940 को शुरू किया गया था और इसमें गांधी जी द्वारा विनोबा को प्रथम सत्याग्रही बनाया गया था। अपना सत्याग्रह शुरू करने से पहले अपने विचार स्पष्ट करते हुए विनोबा ने एक वक्तव्य जारी किया था। उसमें कहा गया था -

"चौबीस वर्ष पहले ईश्वर के दर्शन की कामना लेकर मैंने अपना घर छोड़ा था। आज तक की मेरी जिंदगी जनता की सेवा में समर्पित रही है। इस दृढ़ विश्वास के साथ कि इनकी सेवा भगवान को पाने का सर्वोत्तम तरीका है। मैं मानता हूं और मेरा अनुभव रहा है कि मैंने गरीबों की जो सेवा की है, वह मेरी अपनी सेवा है, गरीबों की नहीं।" आगे उन्होंने इतना और कहा - "मैं अहिंसा में पूरी तरह विश्वास करता हूं और मेरा विचार है कि इसी से मानवजाति की समस्याओं का समाधान हो सकता है। रचनात्मक गतिविधियां, जैसे खादी, हरिजन सेवा, सांप्रदायिक एकता आदि अहिंसा की सिर्फ बाह्य अभिव्यक्तियां हैं।....युद्ध मानवीय नहीं होता। वह लड़ने वालों और न लड़ने वालों में फर्क नहीं करता।...यदि सरकार मुझे गिरफ्तार नहीं करती तो मैं जनता से विनम्र अनुरोध करूंगा कि वे युद्ध में किसी प्रकार की किसी रूप में मदद न करें। अपने भाषणों में विनोबा लोगों को बताते थे कि नकारात्मक कार्यक्रमों के जरिए न तो शान्ति स्थापित हो सकती है और न युद्ध समाप्त हो सकता है। युद्ध रुग्ण मानसिकता का नतीजा है और इसके लिए रचनात्मक कार्यक्रमों की जरूरत होती है। केवल यूरोप के लोगों को नहीं समस्त मानव जाति को इसका दायित्व उठाना चाहिए।

भूदान आन्दोलन

भूदान आंदोलन संत बिनोवा भावे ने किया था। गांधी जी से प्रेरणा लेकर उन्होंने ऐसा किया। भूदान आन्दोलन सन्त विनोबा भावे द्वारा सन् 1951 में आरम्भ किया गया स्वैच्छिक

भूमि सुधार आन्दोलन था। भूदान आंदोलन को सफल बनाने के लिए विनोबा ने गांधीवादी विचारों पर चलते हुए रचनात्मक कार्यों और ट्रस्टीशिप जैसे विचारों को प्रयोग में लाया। उन्होंने सर्वोदय समाज की स्थापना की। यह रचनात्मक कार्यकर्ताओं का अखिल भारतीय संघ था। इसका उद्देश्य अहिंसात्मक तरीके से देश में सामाजिक परिवर्तन लाना था।

विनोबा और मार्क्स

सितंबर,1951 में के पी मशरुवाला की पुस्तक गांधी और मार्क्स प्रकाशित हुई और विनोबा ने इसकी भूमिका लिखी। इसमें विनोबा ने मार्क्स के प्रति काफी सम्मान प्रदर्शित किया था। कार्ल मार्क्स को उन्होंने विचारक माना था। ऐसा विचारक जिसके मन में गरीबों के प्रति सच्ची सहानुभूति थी। वैसे तो मार्क्स कि सोच में विनोबा को खोट दिखी थी और लक्ष्य पर पहुंचने के तरीके को लेकर मार्क्स से उन्होंने अपना मतभेद व्यक्त किया। विनोबा का मानना था कि धनी लोगों की वजह से कम्युनिस्टों का उद्भव हुआ है। विनोबा का विस्वास था कि हर बात में बराबरी का सिद्धांत लागू होना चाहिए।

विनोबा और देवनागरी

विनोबा जी देवनागरी को विश्व लिपि के रूप में देखना चाहते थे। भारत के लिये वह देवनागरी को सम्पर्क लिपि के रूप में विकसित करने के पक्षधर थे। वे कहते थे - "मैं नहीं कहता कि नागरी ही चले, बल्कि मैं चाहता हूं कि नागरी भी चले।" उनके ही विचारों से प्रेरणा लेकर नागरी लिपि संगम की स्थापना की गयी है जो भारत के अन्दर और भारत के बाहर देवनागरी को उपयोग और प्रसार करने के लिये कार्य करती है।

सामाजिक एवं रचनात्मक कार्यकर्ता

विनोबाजी सदैव सामाजिक और रचनात्मक कार्यकर्ता रहे। स्वतन्त्रता के पूर्व गांधी जी के रचानात्म्क कार्यों में सक्रिय रूप से योगदान देते रहे। कार्यधिक्य से उनका स्वास्थ्य गिरने लगा, उन्हें किसी पहाड़ी स्थान पर जाने की डाक्टर ने सलाह दी। अत: 1937 ईस्वी में विनोबा भावे पवनार आश्रम में गये। तब से लेकर जीवन पर्यन्त उनके रचनात्मक कार्यों को प्रारंभ करने का यही केन्द्रीय स्थान रहा।

महान स्वतंत्रता सेनानी

रचानात्म्क कार्यों के अतिरित्क वे महान स्वतंत्रता सेनानी भी थे। नागपुर झंडा सत्याग्रह में वह बंदी बनाये गये। सन् 1937 में गांधी जी जब लंदन की गोलमेज कांफ्रेंस से खाली हाथ लोटे तो जलगांव में विनोबा भावे ने एक सभा में अंग्रेजों की आलोचना की तो उन्हें बंदी बनाकर छह माह की सजा दी गयी। कारागार से मुक्त होने के बाद गांधी जी ने उन्हें पहला सत्याग्रही बनाया। 17 अक्टूबर, 1940 को विनोबा भावेजी ने सत्याग्रह किया और

वह बंदी बनाये गये तथा उन्हें तीन वर्ष के लिए सश्रम कारावास का दंड मिला। गांधीजी ने सन् 1942 में भारत छोड़ो आंदोलन करने से पूर्व विनोबा जी से परामर्श लिया था।

कृतियां

अष्टादशी (सार्थ)
ईशावास्यवृत्ति
उपनिषदांचा अभ्यास
गीताई
गीताई-चिंतनिका
गीता प्रवचने
गुरुबोध सार (सार्थ)
जीवनदृष्टी
भागवत धर्म-सार
मधुकर
मनुशासनम् (निवडक मनुस्मृती - मराठी)
लोकनीती
विचार पोथी
साम्यसूत्र वृत्ति
साम्यसूत्रे
स्थितप्रज्ञ-दर्शन

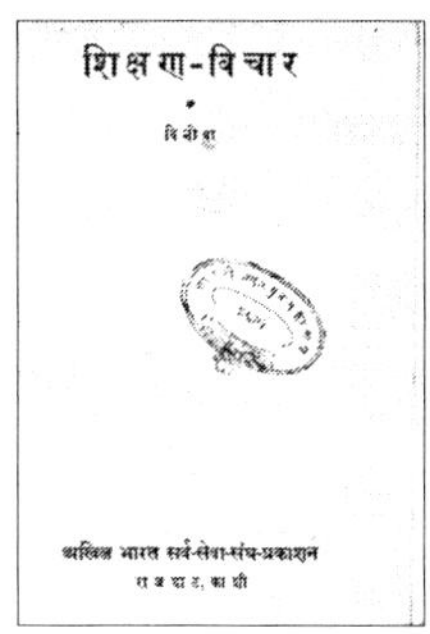

चरित्रग्रन्थ

आमचे विनोबा (राम शेवाळकर आणि इतर)

गांधी, विनोबा आणि जयप्रकाश (मिलिंद बोकील)
दर्शन विनोबांचे (राम शेवाळकर)
महर्षी विनोवा (राम शेवाळकर)
महाराष्ट्राचे शिल्पकार विनोबा भावे (लेखक : किसन चोपडे) (महाराष्ट्र सरकारचे प्रकाशन) विनोबांचे धर्मसंकीर्तन ((राम शेवाळकर आणि इतर)
विनोबासारस्वत ((राम शेवाळकर आणि इतर)
साम्ययोगी विनोबा (राम शेवाळकर)

सम्मान

विनोबा भावे वर्ष 1958 में रेमन मैग्सेसे पुरस्कार प्राप्त करने वाले पहले अंतरराष्ट्रीय और भारतीय व्यक्ति थे। उन्हें सन् 1983 में मरणोपरांत भारत रत्न से सम्मानित किया गया था।

निधन

15 नवम्बर 1982 को आचार्य विनोबा भावे का वर्धा के पवनार आश्रम में देहांत हो गया। तात्कालिक प्रधानमंत्री श्रीमती इंदिरा गांधी सोवियत नेता लियोनिद के अंतिम संस्कार के लिए मास्को जाने वाली थीं लेकिन आचार्य विनोबा भावे की मृत्यु की खबर पाकर उन्होंने वहां जाना रद्द किया और आचार्य के अंतिम संस्कार में शामिल हुईं।

❑

अनमोल वचन

आचार्य विनोबा भावे का विचार था- "विज्ञान के युग में धर्म नहीं टिकेगा, परन्तु आध्यात्मिकता जरूर टिकेगी।" उन्होंने आध्यात्मिकता को मानवता से जोड़ा। विनोबा जी का सर्वोदय दर्शन गांधीजी के सिद्धान्तों पर आधारित था। विभिन्न विषयों पर आपके अनमोल वचनों को समाहित किया गया है।

अतिथि

- किसी को भी भूख-प्यास अगर न लगती तो हमें अतिथि सत्कार का मौका कैसे मिलता।

अध्ययन

- जब हम किसी नयी योजना पर विचार करते हैं तो हमे इसका गहन अध्ययन करना चाहिए। केवल सतही नहीं, बल्कि उसके हर एक पहलू का अध्ययन करना चाहिए।

अहिंसा

- मानवजाति की समस्याओं का समाधान हो सकता है।
- अहिंसा में आपको पूर्ण भाव से आगे बढ़ना चाहिए, यदि आप चाहते हैं कि तेजी से अच्छा हो तो आपको इसके बारे में दृढ़ता के साथ जाना चाहिए।

अभिमान

- अभिमान कई तरह के होते हैं, पर मुझे अभिमान नहीं है, ऐसा भास होने जैसा भयानक अभिमान दूसरा नहीं है।

अनुशासन

- अनुशासन, लक्ष्यों और उपलब्धि के बीच का सेतु है। यकीन मानिए ज्ञान की अपेक्षा अज्ञान ज्यादा आत्मविश्वास पैदा करता है।

अन्याय

- किसी भी जगह हो रहा अन्याय हर स्थान पर न्याय के लिए खतरा है।

अनुभव

- अनुभव तर्क से परे है।

आवाज

- ज्ञानेश्वर महाराज भैंसे की आवाज़ में भी वेद श्रवण कर सके, इसलिए वह कवि हैं।

आदान-प्रदान

- परस्पर आदान-प्रदान के बिना समाज में जीवन का निर्वाह संभव नहीं है।

आदत

- हमने अनुभव से देखा है कि, यदि हम एक ही सड़क पर नियमित रूप से चलने की आदत में हैं, तो हम अपने कदमों पर ध्यान दिए बिना, चलते समय अन्य चीजों के बारे में सोचने में सक्षम हैं।
- यदि रोज एक ही रास्ते पर चला जाए तो हमें उसकी आदत लग जाती है और हम अपने कदमों पर गौर किये बिना अन्य तथ्यों के विषय में सोचते हुए चल सकते हैं।

आत्मा

- किसी की आत्मा की प्राकृतिक गति ऊपर की ओर है लेकिन जैसे ही किसी वस्तु को नीचे खींचा जाता है, जब उसके ऊपर एक भारी भार बंधा होता है, शरीर का बोझ आत्मा को नीचे गिरा देता है।
- किसी आत्मा की प्रकृति हर समय उत्थान की होती है परन्तु जिस तरह किसी भारी वस्तु से बंधा हुआ कोई वस्तु बहुत ऊंचा नहीं उड़ सकता, ठीक उसी तरह आत्मा भी शरीर के बोझ की वजह से उत्थान नहीं कर पाती। मुक्ति के लिए सर्वप्रथम अपने शरीर से मुक्त होना होगा।

आचरण

- पढ़ना एक बार, चिंतन दो बार और आचरण चार बार करना चाहिए।

इरादा

- भगवद् गीता में, कोई लंबी चर्चा नहीं है, कुछ भी विस्तृत नहीं है। इसका मुख्य कारण यह है कि गीता में कही गई हर बात का हर आदमी के जीवन में परीक्षण किया जाना है। यह व्यवहार में सत्यापित किए जाने का इरादा है।

ईश्वर

- पत्थर में ईश्वर के दर्शन करना काव्य का काम है। इसके लिए व्यापक प्रेम की आवश्यकता है।
- ईश्वर प्राप्ति का सरल उपाय है कि उसकी मनुष्य को उत्कट इच्छा हो। इच्छा है, दरवाजा खुला है तो ईश्वर स्वयं प्राप्त होगा।
- भगवान से अधिक शक्ति तो वही माँग सकता है और उसी को मिल भी सकती है, जो प्राप्त शक्ति का पूरा-पूरा उपयोग करता है ।

उपासना

- उपासना यानी ईश्वर के निकट बैठना अर्थात् जहां बैठे हो वहां ईश्वर को लाना।

उद्योग

- जिस घर मे उद्योग की शिक्षा नही, उस घर के बच्चे घर का जल्दी नाश कर देंगे।

कर्म

- कर्म ही मनुष्य के जीवन को पवित्र और अहिंसक बनाता है।
- कर्म वह आईना है जो हमारा स्वरूप हमें दिखा देता है। अत: हमें कर्म का एहसानमंद होना चाहिए।

कर्म योग

- हालांकि कर्म योग और संन्यास नाम अलग-अलग हैं लेकिन दोनों के दिल में सच्चाई समान है।

काम

- काम आरंभ करने मे देर न करो। और अगर काम शुरू कर दिया है तो उसे पूरा कर के ही छोड़ो।
- जो नेक काम करता है और नाम की इच्छा नहीं रखता, उसकी चित्त शुद्धि होती है और उसका काम सहज ही परमात्मा को अर्पित हो जाता है।

कष्ट

- जब तक कष्ट सहने की तैयारी नहीं होती तब तक लाभ दिखाई नहीं देता। लाभ की इमारत कष्ट की धूप में ही बनती है।

क्रांति

- सभी क्रांतियां स्रोत पर आध्यात्मिक हैं। मेरी सभी गतिविधियों का एकमात्र उद्देश्य दिलों का मिलन है।
- कोई भी क्रांति अपने उडगन स्थल अथवा स्रोत पर एक आध्यात्मिक रूप में होती है। इस आध्यामिक रूप का मूल होता है समस्त लोगों के हृदय को एकसूत्र में बंधना।

कल्पना

- अपने आप को यह कल्पना करने की अनुमति न दें कि क्रांतिकारी सोच को सरकारी शक्ति द्वारा प्रचारित किया जा सकता है।

खेल

- मानव जीवन संस्कारों के खेल से भरा हुआ है। बार-बार की क्रियाओं द्वारा विकसित प्रवृत्ति।

खुदा

- खुदा से डरने वाले को और किसी का क्या डर।

गरीब

- गरीब वह नहीं जिसके पास कम धन है बल्कि वह जो धनवान होते हुए भी जिसकी इच्छा कम नहीं हुई है, वह सबसे बड़ा गरीब है।

गाय

- हिन्दुस्तान का आदमी बैल तो पाना चाहता है लेकिन गाय की सेवा करना नहीं

चाहता। वह उसे धार्मिक दृष्टि से पूजन का स्वांग रचता है लेकिन दूध के लिये तो भैंस की ही कद्र करता है। हिन्दुस्तान के लोग चाहते हैं कि उनकी माता तो रहे भैंस और पिता हो बैल। योजना तो ठीक है लेकिन वह भगवान को मंजूर नहीं है।

गतिविधियां

- यदि हम चाहते हैं कि हमारा स्वभाव स्वतंत्र और आनंदमय हो, तो हमें अपनी गतिविधियों को उसी क्रम में लाना चाहिए।

गीता

- गीता को हम निरंतर देखते हैं इसका मुख्य कारण यह है कि जब भी हमें सहायता की आवश्यकता होगी, हम इसे गीता से प्राप्त कर सकते हैं और वास्तव में, हम हमेशा इसे प्राप्त करते हैं।
- गीता पर बात' मेरे जीवन की कहानी है और यह मेरा संदेश भी है।
- श्रीमद्भगवद्गीता में कोई बहुत बड़ी विवेचना नहीं है, इसकी एक वजह ये है कि इसमें दी गयी सभी बातें आम आदमियों के लिए है, जिसे पढ़कर और समझ कर आम आदमी अपनी जिन्दगी में गीता का अभ्यास कर सकता है।

चेतना

- ईश्वर हमें भीतर से निर्देशित करता है। वह इससे ज्यादा कुछ नहीं करता। भगवान को कुम्हार की तरह आकार देने में कोई आकर्षण नहीं है। हम मिट्टी के बर्तन नहीं हैं; हम चेतना से भरे हुए हैं।

छवि

- मैं भगवान की छवि की पूजा कर सकता हूं लेकिन अगर वह भक्ति के साथ नहीं है तो वह कार्य बेकार है। भक्ति की अनुपस्थिति में, मूर्ति सिर्फ पत्थर का एक टुकड़ा होगा, पूजा का अर्थ केवल यह होगा कि एक पत्थर दूसरे पत्थर का सामना कर रहा है।

जीवन

- संघर्ष और उथल-पुथल के बिना जीवन बिल्कुल नीरस जाएगा इसलिए इनसे घबराए नहीं।
- ऐसा व्यक्ति जो एक घंटे का समय भी बर्बाद करता है, उसने अपने जीवन के मूल्य को समझा ही नहीं है।
- जीवन का अर्थ मात्र कर्म या मात्र भक्ति या मात्र ज्ञान नहीं है।

- जब हमारा जीवन सीमाओं के भीतर और स्वीकृत, अनुशासित तरीके से आगे बढ़ता है, तभी मन मुक्त हो सकता है।
- जीवन की गति को संयमित सीमा में रख कर जीने से ही एक मनुष्य का दिमाग स्वतंत्र रह सकता है।

जिज्ञासा

- हम आगे बढ़ते हैं, नई राहे बनाते हैं और नयी परियोजनाएं बनाते हैं क्योंकि हम जिज्ञासु हैं और जिज्ञासा हमें नयी राहों की ओर ले जाती है।

ज्योति

- बाहरी रूप किसी का कैसा भी दीख पड़े, हर एक के अंदर एक ज्योति जल रही है। उसके लिए आदर रखते हुए निरंतर क्षमाशीलता से बरतते रहना।

जमीन

- जमीन भी हवा और पानी की तरह है। उस पर सबका अधिकार है। आप मुझे अपना बेटा मानकर अपनी जमीन का छठा हिस्सा दे दीजिए। जिस पर भूमिहीन बस सकें और खेती-किसानी कर अपना पेट पाल सकें।

डर

- डर रखने से हम अपनी ज़िंदगी को बढ़ा तो नहीं सकते। डर रखने से बस इतना होता है कि हम ईश्वर को भूल जाते हैं, इंसानियत को भूल जाते हैं।

त्याग

- त्याग पीने की दवा है, दान सिर पर लगाने की सौंठ। त्याग में अन्याय के प्रति चिढ़ है, दान में नाम का लिहाज़ है।
- जिस त्याग से अभिमान पैदा होता है, वह त्याग नहीं हैं। त्याग से शांति मिलनी चाहिए और अभिमान का त्याग करना ही सच्चा त्याग है।

तलवार

- हाथ में तलवार हिंसक मन का एक निश्चित संकेत है लेकिन केवल तलवार फेंकने से कोई अहिंसक नहीं हो जाता।

तर्क

- जब कोई बात सच होती है, तो उसे प्रमाणित करने के लिए किसी तर्क का उपयोग करने की आवश्यकता नहीं होती है।

देश

- ऐसे देश को छोड़ देना चाहिए, जहाँ न आदर है, न जीविका, न मित्र, न परिवार और न ही ज्ञान की आशा।
- एक देश अपनी स्मिता अपने पास रखे हथियारों से नहीं बल्कि अपने नैतिकता से बचा सकता है।

द्वेष

- द्वेष बुद्धि को हम द्वेष से नहीं मिटा सकते, प्रेम की शक्ति ही उसे मिटा सकती है।

देवनागरी लिपि

- हिन्दुस्तान की एकता के लिये हिन्दी भाषा जितना काम देगी, उससे बहुत अधिक काम देवनागरी लिपि दे सकती है।

धर्म

- दो धर्मों का कभी झगड़ा नहीं होता, सब धर्मों का अधर्म से ही झगड़ा होता है।
- स्वधर्म के प्रति प्रेम, परधर्म के प्रति आदर और अधर्म के प्रति उपेक्षा करनी चाहिए।
- धर्म का कार्य मनुष्य के हृदय को विशाल बनाना है।

धनी

- धनी लोगों की वजह से कम्युनिस्टों का उद्भव हुआ है।

ध्यान

- व्यक्तिगत ध्यान की आवश्यकता है लेकिन उससे भी अधिक महत्त्व की चीज है। हमारा सब काम ध्यानस्वरूप हो ।

नम्रता

- नम्रता की ऊंचाई का कोई नाप नहीं होता।

नकारात्मक

- नकारात्मक कार्यक्रमों के जरिए न तो शान्ति स्थापित हो सकती है और न युद्ध समाप्त हो सकता है।

निष्काम

- निष्काम कर्मयोग तभी सिद्ध होता है जब हमारे बाह्य कर्म के साथ अन्दर से चित्त शुद्धि रुपी कर्म का भी संयोग होता है।

नदी

- नदी अपनी मर्जी से बहती है, लेकिन बाढ़ दो तटों में बंधी है। यदि यह इस प्रकार बाध्य नहीं होता, तो इसकी स्वतंत्रता बर्बाद हो जाएगी।

प्रतिभा

- प्रतिभा का अर्थ है बुद्धि में नई कोपलें फूटते रहना। नई कल्पना, नई खोज, नया उत्साह और नई स्फूर्ति, यही प्रतिभा के लक्षण हैं।

प्रेरणा

- प्रेरणा किसी कार्य आरम्भ करने में सहायता करती है और आदत उस कार्य को जारी रखने में सहायता करती है।

प्रशंसा

- जो सब की प्रशंसा करता है वह किसी की प्रशंसा नहीं करता।

फायदा

- जब तक तकलीफ सहने की तैयारी नहीं होती तब तक फायदा दिखाई दे ही नहीं सकता। फायदे की इमारत नुकसान की धूप में बनी है।

बलवान

- सच्चा बलवान तो वही होता है, जिसने अपने मन पर पूरी तरह से नियंत्रण कर लिया हो।

बराबरी

- हर बात में बराबरी का सिद्धांत लागू होना चाहिए।

बूढ़ा

- जिसने नई चीज सीखने की आशा छोड़ दी, वह बूढ़ा है।
- साठ वर्ष के बूढ़े में उत्साह और सामर्थ्य नजर आ सकता है, यदि उसका चित्त एकाग्र हो।

बुद्धि

- बुद्धि का पहला लक्षण है काम आरम्भ न करो और अगर शुरू कर दिया है तो उसे पूरा करके ही छोड़ो।

बाल्यावस्था

- हम अपनी बाल्यावस्था के कार्यों को याद भी नहीं कर सकते हैं, हमारा बचपन एक स्लेट पर लिखी गई चीज़ की तरह है, जैसे स्लेट पर लिखा और फिर इसे मिटा दिया।

भगवान

- जहां भगवान हैं और जहां भक्त हैं वहां सब कुछ है, लेकिन भगवान को तो हमने देखा नहीं, भक्त को हम देख सकते हैं, इसलिए हमारी निगाह में भक्त की महिमा बढ़ जाती है।

भिक्षा

- तगड़े और स्वस्थ व्यक्ति को भिक्षा देना, दान का अन्याय है। कर्महीन मनुष्य भिक्षा के दान का अधिकारी नही हैं।

भ्रूण

- यदि हम केवल आत्मा के पैरों को बांधने वाले शरीर के भ्रूणों को काट सकते हैं, तो हमें एक महान आनंद का अनुभव होगा। तब हम शरीर के कष्टों के कारण दुखी नहीं होंगे। हम आजाद हो जाएंगे।

भाषा ज्ञान

- केवल अंग्रेज़ी सीखने में जितना श्रम करना पड़ता है उतने श्रम में भारत की सभी भाषाएं सीखी जा सकती हैं।

भक्ति

- भक्ति ढोग नहीं है, दिन भर पाप करके, झूठ बोलकर प्रार्थना नहीं होती।

मनुष्य

- मनुष्य जितना ज्ञान में घुल गया हो, उतना ही वह कर्म के रंग में रंग जाता है।

मित्र

- मौन और एकान्त, आत्मा के सर्वोत्तम मित्र हैं।

माध्यम

- हर समय हमारे माध्यम से असंख्य क्रियाएं चल रही हैं। यदि हमने उन्हें गिनना शुरू किया, तो हमें कभी भी समाप्त नहीं होना चाहिए।

युग

- कलियुग में रहना है या सतयुग में, यह तो स्वयं चुनो, तुम्हारा युग तुम्हारे पास है।

युद्ध

- युद्ध मानवीय नहीं होता। वह लड़ने वालों और न लड़ने वालों में फर्क नहीं करता।
- युद्ध रुग्ण मानसिकता का नतीजा है और इसके लिए रचनात्मक कार्यक्रमों की जरूरत होती है।

राष्ट्र

- जिस राष्ट्र में चरित्रशीलता नहीं होती है उस राष्ट्र में कोई योजना काम नहीं कर सकती।

लाभ

- लाभ की इमारत, कष्ट की धूप में ही बनती है।

विचार

- महान विचार ही कार्य रूप में परिवर्तित होकर महान कार्य बनते हैं।
- विचार का चिराग बुझ जाने से आचार अँधा हो जाता है।

विचारक

- जो चीज़ विचारकों को आज स्पष्ट दिखती है दुनिया उस पर कल अमल करती है।

विजय

- यदि कोई मनुष्य इस शरीर पर विजय प्राप्त कर ले तो संसार में कौन उस पर अधिकार कर सकता है? जो स्वयं पर शासन करता है वह संपूर्ण विश्व पर शासन करता है।

वासना

- वासना का त्याग किया जाए,वासना का त्याग किया जाये। चित्त के वेग को समेटा जाये। चिंतारहित चिंतन किया जाये। निर्विकार बनकर रहा जाये ।

वाणी

- जो वाणी सत्य को संभालती है। उस वाणी को सत्य संभालता है।

शिक्षा

- औपचारिक शिक्षा आपको जीविकोपार्जन के लिए उपयुक्त अवसर देती है जबकि अनुभव आपका भाग्य बनाते हैं।

शरीर

- यदि मनुष्य इस शरीर पर विजय प्राप्त कर लेता है, तो दुनिया में कौन उसके ऊपर शक्ति का प्रयोग कर सकता है ? वह जो पूरी दुनिया पर अपना शासन करता है।

शैशव काल

- हम अपने शैशव काल की गतिविधियों को भी याद नहीं कर पाते, हमारा बचपन स्लेट पर लिखी और मिटा दी गयी चीज़ जैसा होता है।

सत्य

- सत्य को किसी प्रमाण की आवश्यकता नहीं होती।

सेवा

- जो सेवा भावी है, उसे सेवा खोजने या पूछने की ज़रूरत नहीं होती। जरूरत पहचान कर वह स्वयं को वहां प्रस्तुत कर देता है।
- सेवा छोटी है या बड़ी, इसकी कीमत नहीं है। किस भावना से, किस दृष्टि से वह की जा रही है, उसकी कीमत है।

- निरहंकारिता से सेवा की कीमत बढ़ती है और अहंकार से घटती है।
- सेवा के लिये पैसे की जरूरत नहीं पड़ती हैं। जरूरत है तो सिर्फ अपना संकुचित जीवन छोड़कर गरीबों से एकरूप होने की।
- सेवा भगवान को पाने का सर्वोत्तम तरीका है।

सपना

- यदि आप किसी चीज का सपना देखने का साहस कर सकते हैं तो उसे प्राप्त भी कर सकते हैं।

सुधारक

- सुधारक चाहे कितना भी श्रेष्ठ पंक्ति का क्यों न हो, जब तक जनता उसे परख नहीं लेगी, उसकी बात नहीं सुनेगी।

सीमा

- सीमा न रहने पर आजादी का कोई मोल नहीं।

समता

- समता का अर्थ है बराबरी, ऐसी बराबरी जिसमे योग्यता के अनुसार सभी का आंकलन हो।
- अगर समता का अर्थ बराबरी है तो कैसी बराबरी ? मान लीजिये घर में 4 रोटी है और दो खाने वाले हैं। सब को दो- दो रोटिया मिलनी चाहिये। अगर ऐसी समता घर की औरतें सीख जाये तो अनर्थ हो जायेगा क्योंकी यदि इनमें से एक खाने वाला 2 साल का और दूसरा 25 साल का है, तो एक अतिसार से मरेगा और दूसरा भूखमरी से। समता का सही अर्थ यह है कि दो साल के बच्चे को आधी रोटी या भूख अनुसार रोटी मिले और दूसरे 25 वर्ष वाले मनुष्य को 2.5 या बची हुई रोटी मिले।
- समता का अर्थ है योग्यता के अनुसार कीमत आंकना

स्वतंत्र

- स्वतंत्र वही हो सकता है, जो अपना काम अपने आप कर लेता है।

स्त्री

- भविष्य में स्त्रियों के हाथ में समाज का अंकुश आने वाला है। उसके लिए स्त्रियों को

तैयार होना पड़ेगा। स्त्रियों का उद्धार तभी होगा, जब स्त्रियाँ जागेंगी और स्त्रियों में शंकराचार्य जैसी कोई निष्ठावान स्त्री होगी।

हथियारों

- हम पुराने हथियारों के साथ नए युद्ध नहीं लड़ सकते।
- किसी देश का बचाव हथियारों से नहीं, बल्कि नैतिक व्यवहार से होना चाहिए।

ज्ञान

- जिसने ज्ञान को आचरण मे उतार लिया, उसने ईश्वर को ही मूर्तिमान कर लिया।
- मनुष्य जितना ज्ञान में घुल गया हो उतना ही कर्म के रंग में रंग जाता है।
- हर व्यक्ति को ज्ञान में स्वावलम्बी होना चाहिए।

ज्ञानी

- ज्ञानी वह है, जो वर्तमान को ठीक से समझकर परिस्थिति के अनुसार आचरण करे।

श्रम

- मैं केवल वैचारिक या आध्यात्मिक श्रम से संतुष्ट नहीं हो सकता। आध्यात्मिक के साथ ही शारीरिक श्रम भी चाहिए।

❖❖

भारत रत्न जयप्रकाश नारायण

ईश्वर प्रत्येक व्यक्ति को केवल एक ही कार्य करने के लिए पृथ्वी पर अवतरित करता है। जिस व्यक्ति को ईश्वरीय वरदान का ज्ञान हो जाता है वह अपने निमित्त कार्य में संलग्न हो जाता है। सत् पुरुष अक्सर कहा करते हैं कि ऊपर वाले को जवाब देना होगा। क्यों कहते हैं ? क्योंकि वह जानते हैं कि मानव जीवन अमूल्य है और इस अमूलता को सत्कर्म से ही बरकरार रखा जा सकता है।

भारत रत्न जयप्रकाश नारायण

जीवन परिचय

जयप्रकाश नारायण का जन्म बिहार के सारण जिला के सिताब दियारा में 11 अक्टूबर, 1902 में एक चित्रगुप्तवंशी कायस्थ परिवार में हुआ था। इनके पिता का नाम हरशु दयाला और माता का नाम फूल रानी देवी था। इनके पिता स्टेट गवर्नमेंट के कैनल विभाग में कार्यरत थे। इनका घर लाला टोला के घाघरा नदी के किनारे पर स्थित था। जहाँ पर आये दिन बाढ़ आती रहती थी। इस वजह से इनका घर आये दिन किसी-न-किसी तरह से बाढ़ से प्रभावित होता था। इस वजह से बचपन में ही इनका परिवार इस स्थान से हट कर कहीं कुछ किलोमीटर आगे चला गया। यह तात्कालिक स्थान अब उत्तरप्रदेश में पड़ता है।

शिक्षा

9 वर्ष की में जयप्रकाश पटना आ गये। यहां सातवीं कक्षा में अपका नामाँकन कराया गया। स्कूली दिनों में इनका बहुत अच्छा विकास हुआ और वर्ष 1918 में उन्होंने अपना स्कूली प्रशिक्षण समाप्त किया और इन्हें 'स्टेट पब्लिक मैट्रिकुलेशन एग्जामिनेशन' का सर्टिफिकेट प्राप्त हुआ। विवाह के बाद आप पटना में पढ़ रहे थे। मौलाना आजाद के तर्कों से जयप्रकाश नारायण बहुत प्रभावित हुए और पटना लौटकर परीक्षा के 20 दिन पहले ही इन्होंने कॉलेज छोड़ दिया। इसके बाद इन्होने डॉ राजेंद्र प्रसाद द्वारा स्थापित कॉलेज बिहार विद्यापीठ में अपना नामाँकन कराया। जयप्रकाश नारायण बिहार विद्यापीठ में शामिल हो गये, जिसे युवा प्रतिभाशाली युवाओं को प्रेरित करने के लिए डॉ. राजेन्द्र प्रसाद और सुप्रसिद्ध गांधीवादी डॉ. अनुग्रह नारायण सिन्हा द्वारा स्थापित किया गया था।

जयप्रकाश नारायण शिक्षा प्राप्त करने के लिए बहुत अधिक उत्साहित रहते थे। इन्होंने विद्यापीठ में अपने कोर्स को पूरा करने के बाद संयुक्त राष्ट्र अमेरिका में अपनी उच्च शिक्षा प्राप्त

करने की योजना बनायी। महज 20 वर्षों की उम्रवास्था में आप जानूस नाम के अमेरिका जाने वाली एक कार्गो शिप से अमेरिका के लिए रवाना हो गये। इस समय प्रभावती देवी साबरमती में ही महात्मा गाँधी के आश्रम में थीं। जयप्रकाश 8 अक्टूबर, 1922 को कैलिफ़ोर्निया पहुँच गये। जनवरी, 1923 में इन्हें बर्कले विश्वविद्यालय में दाखिला प्राप्त हुआ। इस समय इन्हें कहीं

से भी किसी तरह की आर्थिक सहायता प्राप्त नहीं थी। अपनी शिक्षा की फीस भरने के लिये इन्होंने कभी किसी मिल फैक्ट्री में काम किया। तो कभी होटलों में बर्तन धोने का काम किया। तो कभी गैरेज में गाड़ी बनाने का कार्य किया। यहां इनकी शिक्षा में अनेक कठिनाईयां आई। बर्कली विश्वविद्यालय ने शिक्षण शुल्क दोगुना कर दिया। यह संकट का समय था। जयप्रकाश नारायण ने बर्कले विश्वविद्यालय छोड़ने का निर्णय लिया। बर्कले विश्वविद्यालय छोड़कर जयप्रकाश ने 'यूनिवर्सिटी ऑफ़ लोया' में दाखिला ले लिया। धन की कमी के कारण इसके बाद जयप्रकाश को विभिन्न विश्वविद्यालयों में समय-समय पर अपना दाखिला बदलना पड़ा। इन्होंने अपने पसंदीदा विषय सोशियोलॉजी की पढ़ाई की। इस अध्ययन के समय इन्हें प्रोफेसर एडवर्ड रोस से काफी सहायता प्राप्त हुई।

विस्कॉन्सिन में पढ़ाई करते समय इन्हें कार्ल माक्स के 'दास कैपिटल' पढ़ने का मौका मिला। इसी समय रूस क्रान्ति की सफलताओं की खबर से सन् 1917 में यह मार्क्सवाद से बहुत अधिक प्रभावित हुए। इसके बाद इन्होंने भारतीय कम्युनिस्टो से भी मार्क्सवाद पर विवेचना की। अपने अध्ययन के समय जब इन्होंने अपना सोशियोलॉजी पेपर 'सोशल वेरिएशन' लिखा, तो वह इस विषय पर वर्ष का सबसे अच्छा पेपर साबित हुआ।

पुस्तकों में रूचि :

अपने स्कूली दिनों के दौरान ही उन्होंने सरस्वती, प्रभा और प्रताप जैसी पत्रिकाओं

को पढ़ना शुरू कर दिया। इसी समय उन्होंने भारत भारती जैसी पुस्तक पढ़ ली। उन्होंने मैथिलीशरण गुप्त और भारतेंदु हरिश्चंद्र जैसे बड़े लेखकों की रचनाओं को पढ़ना शुरू किया, जिसमे कई राजपूत वीरों के वीर गाथाओं का वर्णन हुआ करता था। उन्होंने इसी समय श्रीमदभगवदगीता श्री कृष्ण के अनमोल वचन का अध्ययन किया। इससे इनकी बौद्धिक क्षमता में बहुत अधिक विकास हुआ और इन्होने 'द प्रेजेंट स्टेट ऑफ़ हिन्ची इन बिहार' शीर्षक से एक निबंध लिखा। इस निबंध को एक निबंध प्रतियोगिता में 'बेस्ट एसे अवार्ड' प्राप्त हुआ था।

विवाह :

अक्टूबर 1920 में इनका विवाह ब्रज किशोर प्रसाद की पुत्री प्रभावती देवी से हुआ। उनके विवाह के समय इनकी आयु 18 वर्ष की और प्रभावती देवी की आयु 14 वर्ष की थी। यह आयु इस समय विवाह के लिए आम मानी जाती थी। विवाह के बाद आप पटना में पढ़ रहे थे। अतः पत्नी के साथ उनका रहना संभव नहीं था। इस समय महात्मा गाँधी के न्योते पर इनकी पत्नी ने महात्मा गाँधी के आश्रम में सेवारत हो गयीं। इसी समय महात्मा गांधी ब्रिटिश सरकार द्वारा जारी किये रोलट एक्ट के ख़िलाफ़ असहयोग आन्दोलन कर रहे थे। इस आन्दोलन में मौलाना आज़ाद के भाषण सुनने वालों में ये भी शामिल हुए। इस भाषण में मौलाना आज़ाद ने लोगों से अंग्रेजी हुकूमत की शिक्षा को त्यागने की बात कही थी।

राजनीति में योगदान :

भारतीय राजनीति में इनका बहुत बड़ा योगदान रहा है। जयप्रकाश नारायण वर्ष 1929 में अपनी उच्च्च शिक्षा समाप्त कर अमेरिका से भारत आये। इस समय इनकी विचारधारा पूरी

तरह से मार्क्सवादी हो चुकी थी। भारत आकर यह भारतीय राष्ट्रीय कांग्रेस में सम्मिलित हो गये। उनका सम्पर्क गांधी जी के साथ काम कर रहे जवाहर लाल नेहरु से हुआ। वह भारतीय स्वतंत्रता संग्राम का हिस्सा बने। इस समय कांग्रेस में महात्मा गाँधी इनके गुरु बने और यह लगातार राजनीतिक गुण सीखते रहे। सन् 1932 में गांधी, नेहरु और अन्य महत्त्वपूर्ण कांग्रेसी नेताओं के जेल जाने के बाद उन्होंने भारत में अलग-अलग हिस्सों में संग्राम का नेतृत्व किया।

अन्ततः उन्हें भी मद्रास में सितम्बर 1932 में गिरफ्तार कर लिया गया। ब्रिटिश सरकार के ख़िलाफ़ सविनय अवज्ञा आन्दोलन के समय ब्रिटिश पुलिस ने इन्हें नासिक जेल में रखा जहाँ पर इनकी मुलाकात राम मनोहर लोहिया, मीनू मस्तानी, अच्युत पटवर्धन, अशोक मेहता, बसवोन सिन्हा, युसूफ देसाई, सी के नारायणस्वामी तथा अन्य राष्ट्रीय स्तर के नेताओं से हुई। इन सबसे मिलने से कांग्रेस में वामपंथी दल का निर्माण हुआ, जिसे कांग्रेस सोशलिस्ट पार्टी कहा गया। इस पार्टी के अध्यक्ष आचार्य नरेन्द्र देव और महासचिव जयप्रकाश नारायण हुए। जब कांग्रेस ने सन् 1934 में चुनाव में हिस्सा लेने का फैसला किया तो जे पी और सी एस पी ने इसका विरोध किया।

सन् 1939 में उन्होंने द्वितीय विश्वयुद्ध के दौरान, अंग्रेज सरकार के खिलाफ लोक आन्दोलन का नेतृत्व किया। उन्होंने सरकार को किराया और राजस्व रोकने के अभियान चलाये। टाटा स्टील कम्पनी में हड़ताल कराके यह प्रयास किया कि अंग्रेज़ों को इस्पात न पहुँचे। उन्हें गिरफ्तार कर लिया गया और 9 महीने की कैद की सज़ा सुनाई गयी। जेल से छूटने के बाद उन्होंने गांधी और सुभाष चंद्र बोस के बीच सुलह का प्रयास किया। उन्हें बन्दी बनाकर मुंबई की आर्थर जेल और दिल्ली की कैम्प जेल में रखा गया। वर्ष 1942 के भारत छोडो आन्दोलन के समय जब इन नेताओं को पुनः गिरफ्तार किया गया तो हजारीबाग जेल में रखा गया था। इस समय ये अपने अन्य क्रांतिकारी साथियों जैसे योगेन्द्र शुक्ला, सूरज नारायण सिंह, गुलाब छंद गुप्ता, रामनंदन मिश्र, शालिग्राम सिंह आदि के साथ मिलकर जेल के अन्दर ही आज़ादी के आन्दोलनों की योजनायें बनाने लगे। भारत छोडो आन्दोलन के समय उन्होंने आदोलन में बढ़-चढ़कर हिस्सा लिया था जिससे उन्हें लोगो में प्रसिद्धि प्राप्त होने लगी।

उन्होंने स्वतंत्रता संग्राम के दौरान हथियारों के उपयोग को सही समझा। उन्होंने नेपाल जाकर आज़ाद दस्ते का गठन किया और उसे प्रशिक्षण दिया। उन्हें एक बार फिर पंजाब में चलती ट्रेन में सितम्बर 1943 में गिरफ्तार कर लिया गया। 16 महीने बाद जनवरी 1945 में उन्हें आगरा जेल में स्थानान्तरित कर दिया गया। इसके उपरान्त गांधी जी ने यह साफ कर दिया था कि डॉ लोहिया और जे पी की रिहाई के बिना अंग्रेज सरकार से कोई समझौता नामुमकिन है। दोनों को अप्रैल 1946 को आजाद कर दिया गया।

भारत के स्वतंत्र हो जाने के बाद इन्हें 'आल इंडिया रेलवेमेन फेडरेशन' का अध्यक्ष बनाया गया। यह दल भारत का सबसे बड़ा श्रमिक दल है। इस पद पर यह वर्ष 1947 से 1953 तक कार्यरत रहे। सन् 1948 में उन्होंने कांग्रेस के समाजवादी दल का नेतृत्व किया और बाद में गांधीवादी दल के साथ मिलकर समाजवादी सोशलिस्ट पार्टी की स्थापना की। 19 अप्रैल,1954 में गया, बिहार में उन्होंने विनोबा भावे के सर्वोदय आन्दोलन के लिए जीवन समर्पित करने की घोषणा की। सन् 1957 में उन्होंने लोकनीति के पक्ष में राजनीति छोड़ने का निर्णय लिया। सन् 1960 के दशक के अंतिम भाग में वे राजनीति में पुनः सक्रिय रहे। सन् 1974 में किसानों के बिहार आन्दोलन में उन्होंने तत्कालीन राज्य सरकार से इस्तीफे की माँग की।

इंदिरा गांधी के प्रबल विरोधी :

वह इंदिरा गांधी की प्रशासनिक नीतियों के विरुद्ध थे। गिरते स्वास्थ्य के बावजूद उन्होंने बिहार में सरकारी भ्रष्टाचार के खिलाफ आन्दोलन किया। उनके नेतृत्व में पीपुल्स

फ्रंट ने गुजरात राज्य का चुनाव जीता। सन् 1975 में इंदिरा गांधी ने आपातकाल की घोषणा की जिसके अन्तर्गत जे पी सहित 600 से भी अधिक विरोधी नेताओं को बन्दी

बनाया गया और प्रेस पर सेंसरशिप लगा दी गयी। जेल में जे पी की तबीयत और भी खराब हुई। 7 महीने बाद उनको मुक्त कर दिया गया। 1977 जेपी के प्रयासों से एकजुट विरोध पक्ष ने इंदिरा गांधी को चुनाव में हरा दिया।

उन्हें 1970 में इंदिरा गांधी के विरुद्ध विपक्ष का नेतृत्व करने के लिए जाना जाता है। इन्दिरा गांधी को पदच्युत करने के लिये उन्होने 'सम्पूर्ण क्रांति' नामक आन्दोलन चलाया। वे समाज-सेवक थे, जिन्हें 'लोकनायक' के नाम से भी जाना जाता है।

चिंतन :

जयप्रकाश के चिन्तन में राजनीतिक और आर्थिक तत्व एक-दूसरे के साथ गहरे रूप में गुंथे हुए हैं। उनके समस्त चिन्तन का अध्ययन निम्न रूपों में किया जा सकता है :

(1) जयप्रकाश और समाजवाद,

(2) जयप्रकाश और लोकतन्त्र,

(3) जयप्रकाश और सर्वोदय,

(4) जयप्रकाश और राष्ट्रवाद,और

(5) जयप्रकाश और समग्र क्रान्ति।

संपूर्ण क्रांति का उद्घघोष

पाँच जून के पहले छात्रों युवकों की कुछ तात्कालिक माँगें थीं। जिन्हें कोई भी सरकार जिद न करती तो आसानी से मान सकती थी। लेकिन पाँच जून को जे पी ने घोषणा की-

"भ्रष्टाचार मिटाना, बेरोजगारी दूर करना, शिक्षा में क्रांति लाना, आदि ऐसी चीजें हैं जो आज की व्यवस्था से पूरी नहीं हो सकतीं; क्योंकि वे इस व्यवस्था की ही उपज हैं। वह तभी पूरी हो सकती हैं जब सम्पूर्ण व्यवस्था बदल दी जाए और सम्पूर्ण व्यवस्था के परिवर्तन

के लिए क्रान्ति, 'सम्पूर्ण क्रान्ति' आवश्यक है।" सम्पूर्ण क्रान्ति के आह्वान उन्होंने श्रीमती इंदिरा गांधी की सत्ता को उखाड़ फेंकने के लिए किया था।

लोकनायक ने कहा कि सम्पूर्ण क्रांति में सात क्रांतियाँ शामिल है- राजनैतिक, आर्थिक, सामाजिक, सांस्कृतिक, बौद्धिक, शैक्षणिक व आध्यात्मिक क्रांति। इन सातों क्रांतियों को मिलाकर सम्पूर्ण क्रान्ति होती है।

सम्पूर्ण क्रांति की तपिश इतनी भयानक थी कि केन्द्र में कांग्रेस को सत्ता से हाथ धोना पड़ गया था। जय प्रकाश नारायण जिनकी हुंकार पर नौजवानों का जत्था सड़कों पर निकल पड़ता था। बिहार से उठी सम्पूर्ण क्रांति की चिंगारी देश के कोने-कोने में आग बनकर भड़क उठी थी। जे पी के नाम से मशहूर जयप्रकाश नारायण घर-घर में क्रांति का पर्याय बन चुके थे। लालमुनि चौबे, लालू प्रसाद, नीतीश कुमार, रामविलास पासवान या फिर सुशील मोदी, आज के सारे नेता उसी छात्र युवा संघर्ष वाहिनी का हिस्सा थे।

सम्मान :

रमन मैगसेसे पुरस्कार (1965 में, लोकसेवा के लिए)

भारतरत्न (1999 में, मरणोपरान्त)

राष्ट्रभूषण सम्मान (एफ आई ई फाउण्डेशन)

नामकरण :

लोकनायक जयप्रकाश नारायण की स्मृति में अनेक संस्थानों के नाम उनके नाम पर रखे गये हैं।

1. जयप्रकाश नारायण विश्वविद्यालय, बिहार के छपरा, सारण में स्थित है।

2. लोकनायक जयप्रकाश विमानक्षेत्र, पटना में संजय गाँधी जैविक उद्यान के पास स्थित है। इसे

जयप्रकाश नारायण अंतर्राष्ट्रीय हवाई अड्डा भी कहा जाता है जो पटना से 5 किमी दक्षिण-पश्चिम स्थित है।

3. लोकनायक जयप्रकाश नारायण राष्ट्रीय अपराधशास्त्र एवं विधि-विज्ञान संस्थान, नयी दिल्ली, 3 अक्टूबर, 2003 को इस संस्थान का नाम बदलकर 'लोकनायक जयप्रकाश नारायण राष्ट्रीय अपराध तथा न्याय विज्ञान संस्थान' कर दिया गया

4. लोकनायक जयप्रकाश अस्पताल, दिल्ली इत्यादि।

लेखन :

जयप्रकाश ने अनेक पुस्तकों की रचनाएं कीं। प्रमुख रचनाओं के शीर्षक इस प्रकार हैं -

1. समाजवाद, सर्वोदय और लोकतन्त्र,

2. भारतीय राजव्यवस्था की पुनः रचना : एक सुझाव,

3. जयप्रकाश (सम्पादित) : नारायण देसाई,

4. मेरी जीवन यात्रा

5. जयप्रकाश : राजनीतिक और आर्थिक चिन्तन

❑

JAYPRAKASH NA AYAN INTERNATIONAL AIRPORT, PATNA
realme Shot by apurv_0
2021 06 06 17:34

जयप्रकाश नारायण 1902-1979
35
भारत
INDIA
JAYAPRAKASH NARAYAN
1980

अनमोल वचन

अनमोल वचन

जयप्रकाश और राष्ट्रवाद

जयप्रकाश ने अपने चिन्तन और जीवन में राष्ट्रवाद को गहरे रूप में अपनाया था। स्वतन्त्रता प्राप्ति के बाद वह भारत की एकता के लिए भारतीय राष्ट्रवाद की अवधारणा का समर्थन करते हैं। जयप्रकाश के अनुसार-भारत में 'विविधताओं के बीच एकता' की स्थिति है और भारत जैसे देश में धर्मनिरपेक्षतावाद ही राष्ट्रवाद का आधार हो सकता है। वह हिन्दू राष्ट्रवाद की अवधारणा के आलोचक हैं।

जयप्रकाश नारायण का निधन उनके निवास स्थान पटना में 8 अक्टूबर 1979 को हृदय की बीमारी और मधुमेह के कारण हुआ। उनके सम्मान में तत्कालीन प्रधानमंत्री चौधरी चरण सिंह ने सात दिन के राष्ट्रीय शोक की घोषणा की थी, उनके सम्मान में कई हजार लोग उनकी शोक यात्रा में शामिल हुए।

जयप्रकाश नारायण भारतीय राजनीति में एक शिक्षित राजनीतिज्ञ थे। एक राष्ट्रवादी विचारधारा के नेता के रूप में आपकी छवि थी। विशेष रूप से जयप्रकाश नारायण का राजनीतिक प्रतिबिंब तत्कालीन प्रधानमंत्री श्रीमती इंदिरा गांधी को राजनीतिक पराजय देने वाले नेता के रूप में होता है। यहां हिंदी वर्णाक्रम में उनके विचार संकलित हैं।

अंधविश्वास

- किसी भी राष्ट्र का विकास तभी संभव है जब वहां की जनता के मन में धार्मिक अंधविश्वास ना हो और वे वैज्ञानिक दृष्टिकोण से तर्क करना जानते हो।

असफलता

- आज पराजय और असफलता का संकट नहीं है। संकट तो सफलता का है।

अंतरजातीय विवाह

- अंतरजातीय विवाह होने चाहिए।

अफसोस

- मुझे इस बात का अफसोस है कि मैं अपनी जीवन यात्रा में इस मुकाम तक नहीं पहुंच पाया, जबकि गांधी जी हमारे बीच में थे। कुछ साल पहले मुझे यह स्पष्ट हो गया था कि समाजवाद जैसा कि हम आज समझते हैं वह मानव जाति को स्वतंत्रता, समानता, भाईचारे और शांति के उत्कृष्ट लक्ष्यों तक नहीं ले जा सकता है। निस्संदेह, समाजवाद किसी भी अन्य प्रतिस्पर्धी सामाजिक दर्शन की तुलना में मानव जाति को उन लक्ष्यों के करीब लाने का वादा करता है। मैं इस बात से सहमत हूं कि जब तक समाजवाद सर्वोदय में परिवर्तित नहीं हो जाता, तब तक ये लक्ष्य इसकी पहुंच से परे रहेंगे; और जैसे हमें आज़ादी की राख का स्वाद चखना पड़ा, वैसे ही आने वाली पीढ़ियों को समाजवाद की राख का स्वाद चखना पड़ सकता है।

अहिंसा

- अहिंसक क्रांति के लिए एक विशेष प्रकार का रचनात्मक कार्य आवश्यक है क्योंकि वर्तमान में पारंपरिक गांधीवादी कार्य अहिंसक समाज की स्थापना के उद्देश्य को पूरा नहीं कर पा रहे हैं। यह अहिंसक क्रांति के मुख्य उद्देश्य से बहुत दूर है। खादी, ग्रामोदययोग, हरिजन और आदिवासी सेवा केवल औपचारिक कार्य रहे हैं। अहिंसक क्रांति और अहिंसक समाज का उद्देश्य ग्रामदान और ग्रामस्वराज प्रकार के रचनात्मक कार्यों के माध्यम से संभव है।

आधुनिक लोकतंत्र

- आधुनिक लोकतंत्र की सफलता नैतिक साधनों से ही संभव हो सकती हैं।
- आधुनिक लोकतंत्र की नौकरशाही ब्रिटिश कालीन राजतंत्र के अनुरूप है।

आध्यात्मिक

- जब तक जनता में आध्यात्मिक गुणों का विकास नहीं होगा, तब तक इसमें संदेह ही रहेगा कि लोकतंत्र शासन सफल हो सकता हैं।
- अध्यात्मवाद अहिंसा का आधार है। अध्यात्मवाद के बिना अहिंसा का अस्तित्व नहीं हो सकता। उनके अनुसार विज्ञान पर नियंत्रण के लिए अध्यात्मवाद आवश्यक

है और इसलिए समाज में अच्छाई के लिए अध्यात्मवाद आवश्यक है।

आदर्श समाज

- लक्ष्य समायुक्त आदर्श समाज का होना चाहिए।

इतिहास

- इतिहास का कोई भी नेता चाहे कितना महान हो, चाहे लेनिन हों, माओ हों या गांधी हों उसने स्वयं क्रांति नहीं की बल्कि क्रांतियां हुई हैं।

इन्कलाब

- अभी आप सम्पूर्ण क्रांति और इन्कलाब जिंदाबाद के नारे लगते हो, लेकिन जब तुम्हारी शादी होगी, तुम्हारे बाप अगर लड़की के बाप से तिलक, दहेज़ माँगेंगे और तब तुमने उनको रोका नहीं, प्रतिवाद नहीं किया, तो धिक्कार है तुम्हारे इन्कलाब जिंदाबाद के ऊपर।
- (बिहार के युवाओं को संबोधित करते हुए)

उद्योग

- ग्राम उद्योगों का विकास किया जाना चाहिए। उनको बढ़ावा दिया जाना चाहिए।
- उद्योग के प्रश्न पर मानव के संपूर्ण जीवन की दृष्टि से विचार करना चाहिए।
- उद्योग मनुष्य के लिए हैं, मनुष्य उद्योग के लिए नहीं

उत्पादन

- उत्पादन-साधनों के व्यक्तिगत स्वामित्व और स्वतंत्र उद्योग पर आधारित वर्तमान सामाजिक व्यवस्था के स्थान पर उत्पादन साधनों पर राजकीय नियंत्रण और स्वामित्व की नवीन सामाजिक व्यवस्था लाई जानी चाहिए और यह तभी संभव है जब शासन सूत्र समाजवादियों के अधिकार में हो।

एकता

- भारत में 'विविधताओं के बीच एकता' की स्थिति है

क्रांति

- क्रांति के बाद, धीरे-धीरे एक नया विशेषाधिकार प्राप्त शासकों एवं शोषकों का वर्ग

खड़ा हो जाता है, लोग एक बार फिर जिसके अधीन हो जाते हैं।

- मेरे लिए संपूर्ण क्रांति का अर्थ यह है कि समाज का सबसे निचला वर्ग सत्ता में उच्च शिखर पर पहुंचे।
- सम्पूर्ण क्रांति से मेरा तात्पर्य समाज के सबसे अधिक दबे-कुचले व्यक्ति को सत्ता के शिखर पर देखना है।
- सम्पूर्ण क्रांति में सात क्रांतियाँ शामिल है – राजनीतिक, आर्थिक, सामाजिक, सांस्कृतिक, बौद्धिक, शैक्षणिक व आध्यात्मिक क्रांति। इन सातों क्रांतियों को मिलाकर सम्पूर्ण क्रान्ति होती है।
- हमारे देश में क्रांति के मार्ग में जन-विरोधी सरकार तो एक बहुत बड़ी रुकावट है ही, स्वयं समाज कम बड़ी रुकावट नहीं है।
- सम्पूर्ण क्रांति के सिपाहियों को इस विस्फोटक परिस्थिति का रचनात्मक हल ढूँढना होगा।

कृषि

- कृषि की मौजूदा दशा ठीक नहीं है। अतः उसे सुविकसित करना चाहिए। कृषि की दयनीय दशा न केवल हमारे देश में है बल्कि सम्पूर्ण एशिया महाद्वीप इससे त्रस्त है। भूमि पर किसान का ही वास्तविक अधिकार है। दशा सुधारने के लिए सहकारी कृषि फार्म बनाये जाने चाहिए एवं बाजारों की उचित व्यवस्था हो।
- वास्तविक समाधान यह है कि उन सभी निहित स्वार्थों का उन्मूलन कर दिया जाए जिनसे किसी भी रूप में भूमि जोतने वालों का शोषण होता है। किसानों के सभी ऋणों को निरस्त कर दीजिए, जोतो को एकत्र करके सहकारी और सामूहिक फार्मों की तथा राजकीय और सहकारी ऋण व्यवस्था तथा हाट व्यवस्था और सहकारी सहायक उद्योगों की स्थापना कीजिए उन्होंने सहकारी प्रयत्नों के द्वारा ही कृषि तथा उद्योग के बीच सन्तुलन पर बल दिया।

कुरीतियां

- समाज की इन कुरीतियों और रूढ़ियों के खिलाफ भी संघर्ष की जरूरत है।

गांव

- गांव और उसकी राजनीतिक एवं आर्थिक समस्याओं को प्रभावी तथा समन्वित संगठन का रूप देने के लिए सबसे आवश्यक आर्थिक सुधार होगा कि गांव की संपूर्ण

भूमि का स्वामित्व एवं प्रबंध ग्राम सभा में निहित कर दिया जाए।

- गांव एक प्राथमिक और प्रत्यक्ष समुदाय है, जहां लोगों को वस्तुत: आमने-सामने रहना पड़ता है और एक-दूसरे के सुख-दुख का भागीदार होना पड़ता है।
- ग्रामीण विकास ही इस देश के विकास का आधार होना चाहिए।
- ग्रामराज का अर्थ है स्वायत्त ग्राम गणतंत्र, पंचायत नहीं, यह ग्रामराज ग्रामीणों द्वारा शासित होगा, सरकारी एजेंसियों द्वारा नहीं।
- एक वैधानिक सामूहिक निकाय, ग्राम-सभा में ग्राम समुदाय की वयस्क सदस्यता। पंचायत को सभा की कार्यकारिणी के रूप में कार्य करना चाहिए, जिसके पास विशिष्ट उद्देश्यों के लिए अन्य समितियों और टीमों को स्थापित करने की शक्ति होनी चाहिए।
- गाँवों में हम जाते हैं, तो अक्सर स्वर्ण घरों में ठहरते हैं। इनमें कोई बुरे नहीं हैं, लेकिन कभी अवर्णों के यहाँ ठहरिये, उनके यहाँ भी खाना-पीना कीजिए।
- ग्राम उद्योगों का विकास किया जा रहा है, उनको बढ़ावा दिया जा रहा है, लेकिन उनका एकमात्र उद्देश्य बेकारी दूर करना और ग्रामीणों का जीवन स्तर उठाना है।
- गांव और उसकी राजनीतिक एवं आर्थिक समस्याओं को प्रभावी तथा समन्वित संगठन का रूप देने के लिए सबसे आवश्यक आर्थिक सुधार होगा कि गांव की संपूर्ण भूमि का स्वामित्व एवं प्रबंध ग्राम सभा में निहित कर दिया जाए, जिससे गांव का प्रत्येक व्यक्ति गांव की भूमि, संपत्ति का समान रूप से अधिकारी बन जाए और ग्रामीण समुदाय के प्रत्येक सदस्य के साथ संपूर्ण समुदाय के लाभ के लिए उस संपत्ति का समान रूप से उपयोग हो सके। कुल मिलाकर उनके जीवन और चिंतन का एक ही लक्ष्य था और वह था आर्थिक, सामाजिक न्याय और नैतिकता पर आधारित व्यवस्था की स्थापना करना तथा शोषण रहित समाज की स्थापना करना।

ग्रामदान

- ग्रामदान सामाजिक परिवर्तन का ठोस कार्यक्रम है। ग्राम में सामूहिकता और परस्पर सहयोग की भावना जगाकर ग्राम स्वराज्य की स्थापना के लिए नींव डालनी है। इसका पहला स्वरूप बहुत क्रांतिकारी है। उसमें भूमि का स्वामित्य छोड़ने के साथ-साथ सम्पूर्ण ग्राम की सारी भूमि पर लगभग समानता से पुनर्वितरण। ग्रामदान में इस बात पर बल दिया गया है कि भूमि का मालिक भगवान है। भूमि पर व्यक्तिगत स्वामित्व नहीं रहना चाहिये। भूमि पर पूरा स्वामित्व ग्राम का होना चाहिए।

गांधी

- यह हमारा सौभाग्य है कि हमारे देश में गांधी जी पैदा हुए जिन्होंने हमें अहिंसक रास्ता

दिया। हम किसी भी संकट को शांति से पार कर सकते हैं और इसका श्रेय गांधी जी को जाता है।

- गांधी जी ने ठीक ही कहा है कि अच्छे इंसान का निर्माण भौतिकवाद से संभव नहीं है, यह केवल अध्यात्मवाद से ही संभव है।
- महात्मा गांधी के रचनात्मक कार्य का मुख्य उद्देश्य एक अहिंसक समाज, हिंसा मुक्त विश्व की स्थापना करना था।
- मेरा मानना है कि मुझे यह कहने की कोई जरूरत नहीं है कि मैंने कभी भी राजनीतिक विचार में मौलिक योगदान देने का दावा नहीं किया है। मैं न केवल रॉय का, बल्कि कई अन्य लोगों का, सबसे ज्यादा गांधी जी का आभारी हूं।
- गांधी जी चाहते थे कि लोकतंत्र में सत्ता कुछ चुनिंदा लोगों के हाथ में न हो, बल्कि सत्ता सभी लोगों के हाथ में हो। यह तभी संभव है जब ग्रामराज लोकतंत्र का आधार होगा।
- गांधीजी के जीवन काल में ही देश की तेजी से बिगड़ती हुई परिस्थिति तथा सरकारी नीति में व्याप्त भ्रम को देखते हुए यह तय हुआ था कि रचनात्मक कार्यकर्त्ता फरवरी, 1948 में वर्धा में एकत्र हो और देश एवं सरकार के सामने पेश करने के लिए गाँधीनिष्ठ सिद्धांतों के आधार पर एक राष्ट्रीय कार्यक्रम तैयार करें। महात्मा गाँधी इस सभा का मार्गदर्शन करने वाले थे।
- (बाद में 1949 के दिसम्बर में 200 रचनात्मक कार्यकर्ता वर्धा में इकट्ठे हुए। इन कार्यकर्त्ताओं ने उस कार्यक्रम का अनुमोदन किया जो 30 जनवरी, 1950 को सर्वोदय योजना के रूप में प्रकाशित हुआ।)

घुमंतू

- दस फीसदी घुमंतू और बंजारे भी हैं।

जातिवाद

- जातिवाद अवनति की ओर ले जाता है।
- जातियों और सम्प्रदायों की भावात्मक अस्मिता थोड़ी भी हवा पाकर जल उठती है। इसे रोकती है राष्ट्रचेतना। अर्थचेतना नहीं, किन्तु राष्ट्रचेतना बनाना और उसे बनाए रखना एक कठिन और लगातार जागरूकता का काम है।
- जातिवाद हमारे लिए अभिशाप है हमारी आज की राजनीति ने भी जातिप्रथा को मजबूत बनाने का काम किया है। हमें मनुष्य-मनुष्य के बीच भेद मिटाने है। जात-पात,

छूत-अछूत सब कुछ समाप्त करना है।

जात-पात

- जात-पात तोड़ दो, तिलक-दहेज छोड़ दो।
  समाज के प्रवाह को नयी दिशा में मोड़ दो।

जीवन

- हमारा अपना जीवन पहले से ज्यादा साधन संपन्न है।

जनेऊ

- जनेऊ यदि उच्च जाति का प्रतीक माना जाता हो तो जनेऊ भी तोड़ना होगा।
- हिंदुस्तान में अधिकतर वे लोग बसते हैं, जिन्हें जनेऊ पहनने का अधिकार नहीं है।

तानाशाही

- दुनिया भर में तानाशाही की शुरुआत से पहले एक हिंसक क्रांति होती है और यहीं से जन्म लेता है तानाशाह।

तनाव

- विचारधाराओं में तीखा विरोध वहाँ तक ठीक हैं जहाँ तक तनाव न पनपे। यदि तनाव बढ़ेगा तो युद्ध के बादल भी आयेगे और बरसेंगे।

तकनीकी

- विज्ञान, टेक्नोलॉजी और औद्योगीकरण के विकास के साथ-साथ, इस प्रकार की छुआछूत की भावना कम हो जाएगी।

दलित

- आज भी दलित पीड़ित हैं। निरक्षरता उनमें सबसे ज्यादा है। दलित औरत हिन्दुस्तान की सबसे निरक्षर जमात का नाम है।
- देश में पंद्रह प्रतिशत लोग दलित हैं और अगर अति-पिछड़ी जातियों को भी जोड़ लिया जाय तो उनकी तादात पैंतीस फीसदी हो जाती है।

द्वितीय विश्व युद्ध

- द्वितीय विश्व युद्ध के पश्चात् सैनिकवाद की राजनीतिक अव्यवस्था में पुनः विश्व को

युद्ध की राह पर चलना पड़ सकता है।

दुर्व्यवहार

- आज भी हरिजनों के साथ सवर्णों का दुर्व्यवहार होता है और उन्हें अस्पृश्य समझकर अलग-अलग रखा जाता है।

दहेज

- तिलक लेकर हम शादी नहीं करेंगे, आप में यह कहने की ताकत होनी चाहिए।

दल

- दल विहीन लोकतंत्र की स्थापना होनी चाहिए क्योंकि राजनीतिक दलों के कारण लोकतंत्र भ्रष्ट हो चुका हैं और उसका विकास अवरुद्ध हो गया हैं।

धर्मनिरपेक्षता

- धर्मनिरपेक्षतावाद ही राष्ट्रवाद का आधार हो सकता है।

नियंत्रण

- मेरा मानना है कि सत्ता में कब्जा नहीं बल्कि जनता का नियंत्रण होना चाहिए।

निजीकरण

- आज देश में निजीकरण को बढ़ावा दिया जा रहा है।

नवयुवक

- भारत के नवयुवक राष्ट्र के निर्माण में अपना योगदान देने के लिए आगे आयें।

नैतिकता

- नैतिकता की जड़ मनुष्य के अस्तित्व की इस एकता को महसूस करने के प्रयास में निहित है या इसे अलग तरीके से अपने स्वयं को महसूस करने के प्रयास में निहित है। जिसने इस एकता का अनुभव किया है, उसके लिए नैतिकता का अभ्यास उतना ही स्वाभाविक और सहज हो जाता है जितना कि सांस खींचना।

पूंजीवाद

- पूँजीवाद के प्रारम्भ में उद्योगपतियों में स्वतन्त्रता थी। स्वतन्त्र व्यापार चलता था

लेकिन आगे बढ़कर औद्योगिक एकाधिकार समाप्त होने लगा। भूदान यज्ञ में जितनी चेतना भूमिपतियों में आती है। उससे कहीं अधिक जागरण भूमिहीनों में हो रहा है। यही पूँजीवाद के अन्त का रास्ता है। इसीलिए वह इस सामाजिक एवं बौद्धिक क्रान्ति की बागडोर नवयुवकों को सौंपना चाहते है।

(भूदान के संबंध में)

पिछड़े

- पिछड़े का अर्थ मुख्यत आदिवासी और हरिजन है। आदिवासी अभी बहुत पिछड़े रह गये है। हरिजन आज भी अलग बस्तियों में रहते है। अस्पृश्यता अथवा छुआछूत आज अपने भयंकर रूप में मौजूद है। हमें मनुष्य-मनुष्य के बीच के भेद मिटाने है। समाज की सब कुरीतियों, कुरिवाजों और कुसंस्कारों के विरुद्ध भी संघर्ष की आवश्यकता है।

प्रजातंत्र

- वर्तमान प्रजातान्त्रिक पद्धति में कई दोष हैं। वे दलगत राजनीति, पद आधारित प्रजातान्त्रिक पद्धति के दोषों का निवारण करने के लिए दल विहीन जनतंत्रात्मक व्यवस्था चाहते थे। दलीय प्रजातन्त्र में निर्वाचन अत्यन्त महत्वपूर्ण होता है। प्रत्येक दल बहुमत पाने के लिए प्रयत्न करता है। ऐसी स्थिति में कभी-कभी व्यक्तिगत चरित्र का हनन होता है। अपने दल को विजेता बनाने के लिए निर्वाचन व्यवस्था भंग की जाती है। इसका परिणाम यह होता है कि जनता की इच्छा का सही प्रतिबिम्ब सामने नहीं आ पाता है।

ब्याह

- शादी-ब्याह का पवित्र संस्कार बाजारू बन कर रह गया है।

ब्राह्मण

- ब्राह्मण-हरिजन के सहभोज का कार्यक्रम भी एक कदम आगे बढ़ने के लिए सहायक सिद्ध हो सकता है। उनको इस प्रकार का एहसास होना चाहिए कि ये सम्पूर्ण क्रांति की बात करने वाले लोग हैं, इनका दिल हमारे साथ है। ये लोग हमको अपने कलेजे से लगाकर उठाना चाहते हैं, हमारी सेवा करना चाहते हैं। उनके ऊपर आपकी ये छाप पड़नी चाहिए कि आप उनके मित्र हैं और उनकी भलाई के लिए काम कर रहे हैं।

भागीदारी

- विकेंद्रीकरण, ग्राम जीवन के पुनर्गठन तथा जन समितियों की लोकतंत्र में अधिकाधिक

भागीदारी आवश्यक है।

भूमि

- भूमि पर और उत्पत्ति के सभी साधनों पर किसान और मजदूर का आधिपत्य और स्वामित्व होना चाहिए, न कि राज्य का, न किसी दल का।

भौतिकवाद

- मैं लंबे समय से भौतिकवादी दर्शन में विश्वास करता हूं। लेकिन यह स्पष्ट है कि एक अच्छा इंसान बनने के लिए भौतिकवादी दर्शन में कोई प्रेरणा नहीं है। इसका मतलब है कि भौतिकवादी दर्शन के माध्यम से सामाजिक पुनर्निर्माण संभव नहीं है।
- भौतिकवाद, एक दार्शनिक दृष्टिकोण के रूप में, नैतिक आचरण के लिए कोई आधार और अच्छाई के लिए कोई प्रोत्साहन प्रदान नहीं कर सकता है।
- द्वन्द्वात्मक भौतिकवाद के कारण कोई मनुष्य क्यों अच्छा बने इस प्रश्न का उत्तर नहीं दिया जा सकता।

भारत

- भारत जैसे गरीब देश में आर्थिक विकास का लक्ष्य विकेंद्रित अर्थव्यवस्था होना आवश्यक है। मानव जीवन और उसके विकास के लिए कृषि एवं उद्योग का विकास होना आवश्यक है। उनका कहना था कि उद्योग के प्रश्न पर मानव के संपूर्ण जीवन की दृष्टि से विचार करना चाहिए। उद्योग मनुष्य के लिए हैं, मनुष्य उद्योग के लिए नहीं। जयप्रकाश नारायण ने गांव को आर्थिक दृष्टि से मजबूत होना आवश्यक बताया। उन्होंने बताया कि गांव एक प्राथमिक और प्रत्यक्ष समुदाय है, जहां लोगों को वस्तुत: आमने-सामने रहना पड़ता है और एक-दूसरे के सुख-दुख का भागीदार होना पड़ता है।

भ्रष्टाचार

- भ्रष्टाचार मिटाना, बेरोजगारी दूर करना, शिक्षा में क्रांति लाना, आदि ऐसी चीजें हैं जो आज की व्यवस्था से पूरी नहीं हो सकतीं; क्योंकि वे इस व्यवस्था की ही उपज हैं। वे तभी पूरी हो सकती हैं जब सम्पूर्ण व्यवस्था बदल दी जाए और सम्पूर्ण व्यवस्था के परिवर्तन के लिए क्रान्ति, 'सम्पूर्ण क्रान्ति' आवश्यक है।

भूदान

- भूदान यज्ञ जैसा काम पहले कभी नहीं हुआ। जिस शांति और अहिंसा से हमने

स्वराज्य पाया, उसी अहिंसामय प्रेम से ही समाज का परिवर्तन हो रहा है। जिस क्रांति के लिए आप नारे लगाते हैं वह जनक्रांति इसी भूदान से सफल होगी। यह मैं क्रांतिकारी युवकों से आग्रह पूर्वक कहना चाहता हूँ।

- वातावरण में चेतना आ रही है। स्वराज्य की लड़ाई के समय का वायुमंडल देश में तैयार हो रहा है। सारे गरीब विनोबा के सिपाही बन रहे हैं। क्रांति की हवा तैयार हो रही है। मैं आपको डरा नहीं रहा हूँ। न्याय होकर रहेगा। यह भूदान नहीं, भू-न्याय हो रहा है।
- भूदान यज्ञ में मैं आकर शरीक हुआ। मैं इसलिए शरीक हुआ कि देश को जो बड़ी भारी समस्या है उसे हल करने के लिए एक बड़ा भारी रास्ता मिला। भूदान यज्ञ का जो काम शुरू हुआ है वह यह सोचकर शुरू नहीं हुआ कि सारी जमीन गाँव की हो।
- भूदान आन्दोलन आर्थिक व सामाजिक क्रांति का गाँधीवादी तरीका है।
- नवीन जीवन पद्धति सम्बन्धी सिद्धांत एवं व्यवहार तथा नवीन सामाजिक दर्शन है भूदान।
- अतः भूदान आन्दोलन एक नैतिक क्रांति है। इसके फलस्वरूप भूमिहीनों को केवल भूमि की ही प्राप्ति नहीं होगी । अपितु उनका नैतिक उत्थान भी होगा। भूमिहीनों के लिए भूमि प्राप्त कराके उनके हृदयों को जोड़ना है।

मताधिकार

- वयस्क मताधिकार लोकतंत्र के लिए उपयुक्त नहीं हैं। भारतीय लोकतंत्र ग्राम समाज की राजनीतिक इकाइयों पर आधारित होना चाहिए।

मंदिर

- आज मंदिर की ताकतें और बाजारीकरण यानि भूमंडलीकरण की ताकतें, दोनों का एक नया गठजोड़ बन गया।

मुख्य धारा

- दबे कुचले को मुख्य धारा में लाना रचनात्मक सेवा है।

युद्ध

- समाजवादी दर्शन और दलों को साम्राज्यवाद से मुक्ति के बाद सामाजिक क्रांति के युद्ध के लिये तैयार करने का आह्वान किया।

युवा

- युवा पीढ़ी के उत्साह और आदर्शों को रचनात्मक कार्यों में प्रवृत्त करना कोई बुरी

बात नहीं है,परन्तु साधन तथा साध्य के सम्बन्धों को ध्यान में रखते हुए यह स्वीकार नहीं किया जा सकता कि युवा पीढ़ी को क्रान्ति के लिए प्रत्येक प्रकार के साधनों को प्रयुक्त करने को अनुमति दे दी जाए।

राज्य

- राज्य पूर्णतया विलुप्त नहीं हो सकता।
- राज्य पद्धति का आधार स्वाधिकार प्राप्त, आत्मनिर्भर एवं नगर-ग्रामीण स्थानीय समुदाय होंगे।
- राज्यशक्ति, लोकशक्ति और नैतिक शक्ति को मिलाकर चलना होगा।

राजनीति

- सच्ची राजनीति वही है जो नागरिक को सुख और प्रसन्नता दे।
- सच्ची राजनीति मानवीय प्रसन्नता को बढ़ावा देने बारे में हैं।
- राजनीति लोक, लोक सेवा से विरत हो गयी है। वह केवल राज चाहती है। अधिकार चाहती है किन्तु अधिकार के स्रोतों का नाश करती है। अधिकार तो गाँव में है, सामान्यजन हैं।
- राजनीति राज्यवादी है और वह अधिकारवाद की ओर ले जाती है। वहाँ दूसरी राजनीति तंत्र पर लोक का तथा लोक पर नैतिक मूल्यों का अंकुश स्थापित करती है। इस प्रकार स्वयं राजनीति राज्य निष्ठ और तंत्र निष्ठ न रहकर लोकनिष्ठ और जीवननिष्ठ बन जाती है। अर्थात् समाज के विकास की वह एक विधायक शक्ति बन जाती है। यह राजनीतिक सेवा है। प्रचलित राजनीतिक सत्ता के लिए शीत गृहयुद्ध है, शोषण और दमन की प्रक्रिया है।

राष्ट्रवाद

- जब तक हर एक देशवासी के मन में राष्ट्रवाद की भावना नहीं आएगी, किसी भी राष्ट्र का संपूर्ण विकास संभव नहीं है।

समन्वित राष्ट्रवाद

- राष्ट्रवाद के पूर्ण धर्मनिरपेक्ष आधार जरूरी।
- जनता की आवश्यकताओं तथा भावनाओं के अनुरूप राष्ट्र की राजनीति होनी चाहिए।

- समन्वित राष्ट्रवाद का सिद्धान्त। उनका समन्वित राष्ट्रवाद का दृष्टिकोण मुख्यतः दो परिस्थितियों पर आधारित है-- एक तो उसका पूर्ण धर्मनिरपेक्ष आधार और दूसरा उसमें जनता की आवश्यकताओं तथा भावनाओं के अनुरूप राष्ट्र की राजनीति। इन दोनों आदर्शों के पश्चात् ही व्यक्ति राष्ट्रीय विकास का आभास प्राप्त कर सकता है।

राजनीतिक दल

- राजनीतिक दलों का उद्देश्य जनता की सेवा करना नहीं वरन् सत्ता के ऊपर अपना अधिकार जमाना तथा दलीय व वर्गीय हितों की पूर्ति करना होता है।
- राजनीतिक दलों के हस्तक्षेप से नैतिकता का ह्रास तथा बेईमानी, जोड़-तोड़ व भ्रष्टाचार को बढ़ावा मिलता है।
- वोट प्राप्त करना राजनीतिक दलों एकमात्र उद्देश्य होता है जिसके लिए वे अनैतिक साधनों का उपयोग करने से भी नहीं चूकते।
- महज अपना वोट बैंक बनाने के लिए राजनीतिक दल जनता के आपसी मतभेदों को उभार कर जातिवाद, अलगाववाद, भाषावाद व प्रान्तीयवाद जैसे पृथकतावादी प्रवृत्तियों को बढ़ावा देते हैं।
- राजनीतिक दल को समाज के विरूद्ध एक षडयंत्र है।
- राजनीतिक दलों के अस्तित्व को भी संसदीय लोकतंत्र के एक महत्वपूर्ण दोष के रूप में देखा तथा उसे लोकतंत्र की मूल भावना के विरूद्ध माना। उनके अनुसार राजनीतिक दलों का उद्देश्य जनता की सेवा करना नहीं वरन् सत्ता के ऊपर अपना अधिकार जमाना तथा दलीय व वर्गीय हितों की पूर्ति करना होता है। राजनीतिक दलों के हस्तक्षेप से नैतिकता का ह्रास तथा बेईमानी, जोड़-तोड़ व भ्रष्टाचार को बढ़ावा मिलता है। वोट प्राप्त करना इनका एकमात्र उद्देश्य होता है जिसके लिए वे अनैतिक साधनों का उपयोग करने से भी नहीं चूकते। महज अपना वोट बैंक बनाने के लिए वे जनता के आपसी मतभेदों को उभार कर जातिवाद, अलगाववाद, भाषावाद व प्रान्तीयवाद जैसे पृथकतावादी प्रवृत्तियों को बढ़ावा देते हैं।

राष्ट्र निर्माण

- स्वतंत्रता प्राप्ति के बाद राष्ट्र निर्माण को सर्वोच्च प्राथमिकता मिलनी चाहिए थी, किंतु राजनीतिक प्रक्रिया ने ऐसा नहीं होने दिया।

राष्ट्रीयकरण

- भारी उद्योगों, खनन एवं परिवहन तथा जहाजरानी का राष्ट्रीयकरण करना चाहिए।

लोकतंत्र

- लोकतंत्र और शांति कभी अलग नहीं हो सकते, सुरक्षित और मजबूत लोकतंत्र के लिए शांति आवश्यक है।
- लोकतंत्र के ये आधार है- सत्य, प्रेम, सहयोग, अहिंसा, कर्तव्य परायणता, उत्तरदायित्व एवं सह-अस्तित्व की भावना।
- लोकतंत्र तभी सफल हो सकता हैं, जब स्थानीय संस्थाओं, जनता के विचारों, इच्छाओं और आवश्यकताओं के अनुकूल हो।
- सच्चे लोकतंत्र की स्थापना के लिए नागरिकों के हितों में समानता होनी आवश्यक है। हितों की समानता के आधार पर ही राज्य विहीन तथा वर्ग विहीन समाज की स्थापना संभव हैं।
- हम वास्तविक लोकतंत्र शासन पद्धित का अनुभव तभी कर सकते हैं, जब विश्व-बंधुत्व की भावना का विकास हो जाए।
- दल विहीन लोकतंत्र की स्थापना होनी चाहिए, क्योंकि राजनीतिक दलों के कारण लोकतंत्र भ्रष्ट हो चुका हैं और उसका विकास अवरुद्ध हो गया हैं।
- दलविहीन लोकतंत्र की स्थापना की आवश्यकता है।
- हमारे लोकतंत्र को सच्चा आधार देने और इसके कामकाज में सभी लोगों को सक्रिय रूप से और लगातार शामिल करने के लिए, पंचायत से भी नीचे जाकर लोगों को स्वयं शामिल करना और इसकी संपूर्ण वयस्क सदस्यता का गठन करना आवश्यक है। ग्राम समुदाय को एक वैधानिक सामूहिक निकाय में बदलना, ग्राम-सभा. पंचायत को सभा की कार्यकारिणी के रूप में कार्य करना चाहिए, जिसके पास विशिष्ट उद्देश्यों के लिए अन्य समितियों और टीमों को स्थापित करने की शक्ति होनी चाहिए।
- आधुनिक लोकतंत्र की सफलता नैतिक साधनों से ही संभव हो सकती हैं।
- लोकतंत्र के ये आधार है- सत्य, प्रेम, सहयोग, अहिंसा, कर्तव्य परायणता, उत्तरदायित्व एवं सह-अस्तित्व की भावना।
- लोकतंत्र तभी सफल हो सकता हैं, जब स्थानीय संस्थाओं, जनता के विचारों, इच्छाओं और आवश्यकताओं के अनुकूल हो।
- सच्चे लोकतंत्र की स्थापना के लिए नागरिकों के हितों में समानता होनी आवश्यक है। हितों की समानता के आधार पर ही राज्य विहीन तथा वर्ग विहीन समाज की स्थापना संभव हैं।

- हम वास्तविक लोकतंत्र शासन पद्धित का अनुभव तभी कर सकते हैं, जब विश्व-बंधुत्व की भावना का विकास हो जाए।
- आधुनिक लोकतंत्र की नौकरशाही ब्रिटिश कालीन राजतंत्र के अनुरूप ही है।
- लोकतन्त्र में जनता के तीन अधिकार होने चाहिए -

  1. प्रतिनिधि को वापस बुलाना,

  2. राजनीतिक दलों से अलग जनता का उम्मीदवार खड़ा करना,

  3. सरकार से मुक्त, किन्तु उसके सहयोग से गांव-गांव, नगर-नगर का जीवन चलाने की स्वायत्ता।
- लोकतन्त्रों के लिए संविधानों, शासन प्रणालियों और दलों एवं चुनावों, इन सब बातों का महत्त्व है, पर जब तक जनता में समुचित नैतिक और आध्यात्मिक गुणों का विकास नहीं हो जाता तब तक संविधान एवं राजनीतिक प्रणालियाँ लोकतन्त्र को सफल नहीं बना सकती।
- लोकतन्त्र की सफलता के लिए सत्य, अहिंसा एवं प्रेम नागरिकों में अन्याय एवं दमन के प्रतिरोध का साहस, सहयोग और सहअस्तित्व की भावना दूसरे के विचारों के प्रति सहिष्णुता, कर्त्तव्य परायणता, उत्तरदायित्व की भावना दूसरे के विचारों के प्रति सहिष्णुता, कर्त्तव्य परायणता, उत्तरदायित्व की भावना, भ्रातृत्व और समानता की भावना में पूर्ण विश्वास एवं सीमित आवश्यकताएं आवश्यक है।

विकेंद्रीकरण

- विकेंद्रित अर्थव्यवस्था का लक्ष्य होना चाहिए कि स्थानीय एवं क्षेत्रीय साधनों के पूर्ण उपयोग का संबंध स्थानीय एवं क्षेत्रीय आवश्यकताओं की पूर्ति से जुड़े।
- भारत जैसे गरीब देश में आर्थिक विकास का लक्ष्य विकेंद्रित अर्थव्यवस्था होना आवश्यक है।

व्यवस्था

- भ्रष्टाचार खत्म करना, सभी को रोजगार देना, शिक्षा में क्रांति यह सब आज की व्यवस्था के ही कारण जन्म लेती है, जब सारी व्यवस्था बदली जाएगी तो इन सब समस्याओं का समाधान अपने आप मिल जाएगा।

विद्यार्थी

- भारतीय राजनीति विज्ञान के विद्यार्थी का कर्तव्य हैं कि वे देखें कि उनके द्वारा तैयार

की गई युवा पीढ़ी उनके आदर्शों से कितनी विचलित हो चुकी है या नहीं ?

व्यस्क मताधिकार

- वयस्क मताधिकार लोकतंत्र के लिए उपयुक्त नहीं हैं। भारतीय लोकतंत्र ग्राम समाज की राजनीतिक इकाइयों पर आधारित होना चाहिए।

वाद

- 'वाद' राष्ट्र के सामाजिक एवं आर्थिक निर्माण का सम्पूर्ण सिद्धान्त है। आज आवश्यकता है कि समाजवादी पद्धति को अपनाकर एक ऐसी प्रणाली अपनायी जाये जो संतुलन कायम कर सके।

(समाजवाद की व्याख्या करते हुए)

शासन

- वही सरकार सबसे अच्छी है जो सबसे कम शासन करती है।

शोषण

- शोषण से मुक्ति की जरुरत थी।
- जनता को विभिन्न प्रकार के शोषणों से मुक्ति मिले।
- कुछ लोगों द्वारा एकाधिकार, बहुत से लोगों के लिए शोषण का आधार बनता है। राष्ट्र की सामाजिक एवं आर्थिक उन्नति के लिए सामूहिक स्वामित्व के सिद्धान्त को लागू करना चाहिए।
- शोषण विहीन समाज अहिंसा से ही हो सकता है स्मरणीय है कि जयप्रकाश के सर्वोदय में खिंच जाने पर युवकों विशेषकर जो उनके अनुयायी व समाजवादी थे की स्थिति समभ्रम की हो गई थी।
- शोषण विहीन समाज हिंसा से नहीं प्राप्त हो सकता। हिंसा से नये प्रकार का शोषण शुरू होता है। शोषण से अर्थ है कि एक व्यक्ति का जो हक है वह उसे न मिले। बिल्कुल शोषण नहीं, यह संभव नहीं है। सच्चा शोषण-विहीन समाज अहिंसा से ही हो सकता है इसलिए मुझे इसमें कोई आपत्ति नहीं है कि हम समाजवाद का नाम छोड़ दें और सर्वोदय को ले।

शिक्षा

- आज दिक्कत इस बात की है कि पढ़े-लिखे लोगों को समाजवाद की तो धुँधली-सी

समझ है भी, सर्वोदय प्लान के बारे में तो वे थोड़ा-सा जानते भर हैं। ज्यादातर लोगों के लिए सर्वोदय ढीले दिमाग वालो का एक मतवाद-सा है जो अहिंसा और ट्रस्टीशिप की बातें बहुत करते हैं लेकिन किसी ठोस सामाजिक परिवर्तन से घबराते है।

साम्यवाद

- साम्यवाद के पास सभी सवालों के जवाब है लेकिन उसे यह नहीं पता कि आदमी अच्छा क्यों हैं।

सर्वोदय

- सर्वोदय का अर्थ है- सभी का कल्याण। यह वह आंदोलन है, जिसका लक्ष्य ग्रामीण पूर्ण निर्माण, शांतिपूर्ण और सहकारी माध्यमों से ग्रामीण भारत के लोगों को ऊपर उठाना है।
- सर्वोदयी समाजवाद एक ऐसी सामाजिक व्यवस्था होगी जिसमें जाति-पाँति, ऊँच-नीच आदि के आधार पर किसी प्रकार का भेदभाव नहीं होगा और न ही किसी प्रकार का शोषण होगा।
- सर्वोदय आन्दोलन के द्वारा ही मानव को विश्व बन्धुत्व की गरिमा तथा शान्ति का महत्व समझाया जा सकता है।
- सर्वोदय की मंजिल का उनका रास्ता कुछ टेढा-मेढ़ा था किन्तु खेद यह है कि वे अपनी जीवन यात्रा में जब गाँधीजी विद्यमान थे। जब इस मंजिल तक नहीं पहुँच सके।
- राजनीतिक अस्त्र और समाज परिवर्तन के साधन के रूप में अहिंसा की सफलता के सम्बन्ध में मुझे एक नयी प्रतीति हुई- सर्वोदय योजना।
- इस प्लान को तैयार करने वाले राजनीतिज्ञ नहीं है और उनका अपना राजनीतिक दल नहीं हैं उनकी कोशिश तो राष्ट्रीय पुननिर्माण के लिए एक गांधीवादी कार्यक्रमों की योजना देश के सामने पेश करने भर की है।

सर्वोदय योजना

- सर्वोदय योजना के सामने जो आदर्श है, वह एक अहिंसक शोषणयुक्त, सहकारी, समाज का आदर्श हैं जो जाति या वर्ग पर आधारित नहीं होगा और जिसमें सबके लिए समान अवसर रहेंगे।
- आज के सामाजिक, राजनीतिक ढाँचे में समग्र और सम्पूर्ण परिवर्तन सर्वोदय आन्दोलन का लक्ष्य है। यह आन्दोलन ऐसी व्यवस्था का निर्माण करना चाहता है,

जो सभी सामाजिक, राजनीतिक और आर्थिक संगठनों में आमूलाग्न क्रान्ति लाये। समाज और मनुष्य के जीवन में सर्वांगीण क्रान्ति की शुरूआत करने की ख्वाहिश इस आन्दोलन की है।

- मैं तो यही कहता रहा हूँ कि सर्वोदय का आन्दोलन, जो जनता के बीच चल रहा है, वह बुनियादी आन्दोलन है और वही देश की मुख्य धारा है। सर्वोदय आन्दोलन राजनीति से अलग रहा है, यह विचार भी गलत है। उल्टे हमने तो कनजीर और नकली राजनीति के बदले सशक्त और असली राजनीति ग्रहण की है।
- हम सर्वोदय-आन्दोलन में जो कुछ कर रहें है, वह गम्भीरतम अर्थ में राजनीति ही है क्योंकि यदि हमें सफलता मिले तो हिन्दुस्तान की सारी सामाजिक-आर्थिक-राजनीतिक पद्धति में एक आमूल क्रांति आ जाए, इसलिए वास्तव में हम राजनीति से बाहर निकले नहीं हैं, उल्टे राजनीति की गहराई में हमने प्रवेश किया है। इस बात का भावार्थ जनता समझे। यह बहुत महत्त्वपूर्ण है।
- सर्वोदय कार्यकर्ताओं के जीवन पर उपस्थित इस संकट को मैंने ईश्वरीय माना। हम गांधीवाले धीरे-धीरे निस्तेज होते जा रहे थे और अपने तुच्छ झगड़ों में फँसते जा रहे थे। कारण यह था कि हमें किसी विरोध का, किसी खतरे का मुकाबला नहीं करना पड़ता था लेकिन अब जबकि अपनी जान की जोखिम में डालकर हमें अपना काम करना पड़ेगा। हमारा भी परिष्कार होगा, क्षीर और नीर अलग-अलग होंगे और हमारा तेज प्रकट होगा।
- सर्वोदय योजना निस भावुकतावाद नहीं हैं, बल्कि बुनियादी सामाजिक क्रान्ति का एक ठोस कार्यक्रम है।
- सर्वोदय योजना परम्परागत समाजवादी क्षेत्र से अलग एक नयी समाज व्यवस्था को वास्तविक रूप देने की कोशिश है।
- सर्वोदय गहरे अर्थों वाला आन्दोलन है। यह आन्दोलन एक ऐसी व्यवस्था का निर्माण करना चाहता है, जो सभी आर्थिक, सामाजिक व राजनीतिक संगठनों में क्रांति लाये।

सत्ता

- सत्ता के लिए दलीय होड़ से मुक्त होकर राजनीति का चरित्र नैतिक हो जाता है और तब तक राजनीति न रहकर लोक नीति बन जाती है। राजनीति में राज्य अपने हित में नीति बनाता है और अपनी सैनिक शक्ति से उसे जनता द्वारा मानवता है। इसके विपरीत लोकनीति में नीति लोक के द्वारा निर्धारित होती है और तंत्र उसके अनुकूल

बनता है। कहने को राजनीति दोनों हैं किन्तु पहली राजनीति दूसरी से बिल्कुल भिन्न है।

- संविधान में सत्ता कानून के हाथ में होती है किन्तु लोकतंत्र की सत्ता लोक के हाथ में होती है। संविधान में प्रतिनिधि को वापस बुलाने की व्यवस्था नहीं है किन्तु लोकतन्त्र और भ्रष्ट प्रतिनिधियों को पाँच वर्षों के भीतर वापस बुलाने को समर्थन करता है।
- मैं आज भी यह मानता हूँ कि सत्ता पर अंकुश रखने के लिए और उसे नैतिक आदर्शों की ओर ले जाने क लिए यह आवश्यक है कि थोड़े प्रभावशाली लोग सत्ता से दूर रहकर जनता के बीच काम करते हैं। संगठित जनता ही शासकीय सत्ता पर अंकुश रख सकेगी और सत्ता से अलग रहकर काम करने वाले लोग ही जनता को सच्चा नेतृत्व दे सकेंगे।

समाज

- समाज पूर्णतः हिंसामुक्त और शान्तिवाला हो। जो सादा जीवन और उच्च विचार से ही सम्भव है।

समाजवाद

- समाजवाद के प्रमुख लक्ष्य स्वतंत्रता, समानता और बंधुत्व को हासिल करने के लिए सर्वोदय के साथ जोड़ना बहुत जरूरी है। इसके बिना समाजवादी लोकतंत्र का कोई औचित्य नहीं रह जाता।
- समाजवाद का मुख्य आधार उत्पादनों के साधनों का सामाजीकरण है। जिसके द्वारा धन के विषम वितरण और शोषण-जनित बुराइयों को दूर किया जा सकता है।
- समाजवाद शोषण का अंत करने वाला दर्शन हैं।
- समाजवाद को आज भी एक बेहतर विकल्प माना जाता है।
- समाजवाद में आरक्षण का आधार आर्थिक होना चाहिए।
- समाजवादी होने के नाते जयप्रकाश नारायण ने इस बात को स्पष्ट किया कि सामाजिक और आर्थिक क्षेत्रों में व्याप्त असमानता का मुख्य कारण यह है कि कुछ लोगों का उत्पादन के साधनों पर बहुत अधिक नियंत्रण है और बहुसंख्यक लोक उनसे वंचित है। इसलिए उनका आग्रह है कि समाज ऐसी व्यवस्था करे जिससे मनुष्य की शक्ति और क्षमताओं को निष्फल करने वाली आर्थिक बाधाएँ दूर हो सके।
- समाज जब तक अच्छा नहीं बन सकता जब तक समाज के व्यक्ति अच्छे नहीं बनते और भौतिक सभ्यता में मनुष्य को अच्छा बनने की प्रेरणा नहीं है। आज मनुष्य केवल

झूठ-फरेब, बेईमानी, भ्रष्टाचार को छल होते देखता है तो फिर वह क्यों अच्छा बने।

- समाजवाद के बिना राजनीतिक और आर्थिक स्वतन्त्रता एवं समानता सम्भव नहीं। नागरिक स्वतन्त्रता एवं साधनों की सफलता के अभाव में व्यक्ति अपने विकास का समुचित अवसर नहीं पा सकता जब तक व्यक्ति को विकास के समुचित अवसर नहीं मिलेंगे। समाजवाद की कल्पना भी नहीं की जा सकती।

समाजवादी

- समाजवादियों में और सर्वोदय वालों में निकटता बढ़नी चाहिए। इससे समाजवादी जनता से जुड़ेंगे। उनका जनाधार मजबूत होगा और कांग्रेस और उनका फर्क स्पष्ट होगा।

सामाजिक संगठन

- सामाजिक संगठन जब तक शक्तिशाली नहीं होंगे समाज का विकास नहीं होगा। सर्वोदय के द्वारा सामाजिक संगठन मजबूत बनाकर समाजवाद को इसमें तिरोहित कर देना चाहिए।

सामाजिक क्रांति

- सामाजिक क्रांति का परिणाम सत्ता की रचना में परिवर्तन के साथ-साथ सम्पत्ति के संबंधों, शिक्षा एवं संस्कृति के क्षेत्र में भी प्रकट होना चाहिए।

सहकारिता

- सहकारी व सामूहिक कृषि विकास का सूचक है।

साधना

- साधन एवं साध्य को पवित्र होना चाहिए।

संपूर्ण क्रांति

- सम्पूर्ण कान्ति के द्वारा ही राष्ट्र का पुर्ननिर्माण होगा।
- भ्रष्टाचार मिटाना, बेरोजगारी दूर करना, शिक्षा में क्रांति लाना ही संपूर्ण क्रांति है।
- सम्पूर्ण क्रांति में सात क्रांतियाँ शामिल है - राजनीतिक, आर्थिक, सामाजिक, सांस्कृतिक, बौद्धिक, शैक्षणिक व आध्यात्मिक क्रांति। इन सातों क्रांतियों को मिलाकर सम्पूर्ण क्रान्ति होती है।

सौदा

- मैं रोटी के लिए सत्ता के लिए सुरक्षा के लिए समृद्धि के लिए, राज्य के गौरव के लिए अथवा अन्य किसी भी वस्तु के लिए स्वतन्त्रता का सौदा नहीं कर सकता।

समुदाय

- समुदाय के प्रत्येक व्यक्ति को चाहे वह कहीं रहता हो अपनी आय का एक अंश समुदाय द्वारा संचालित प्राथमिक सामाजिक सेवाओं के लिए देना होगा।
- समुदाय की कल्याण कामना और हित साधन गांव के आर्थिक साधनों और गतिविधियों का प्रथम लक्ष्य होना चाहिए।

संस्कार

- हमारे गलत मूल्य, संस्कार, न्याय और समता की जीवन पद्धति से मेल नहीं खाते।

सवर्ण

- सवर्णों को भी जहाँ तक हो सके, समझाते रहना चाहिए।

सिंहासन

- सिंहासन खाली करो जनता आती है।

साम्प्रदायिकता

- साम्प्रदायिकता का उचित और अहिंसक समाधान आवश्यक है। वरना यह जहर धीरे-धीरे भारत की काया को नष्ट कर देगा।

स्थानीय समुदाय

- स्थानीय समुदाय का विकास इस ढंग से होना चाहिए कि वह छोटे-मोटे कल्याणकारी राज्य का रूप ग्रहण कर सके।

स्वतंत्रता

- अगर आप सचमुच स्वतंत्रता, स्वाधीनता की परवाह करते हैं, तो बिना राजनीति के कोई लोकतंत्र या उदार संस्था नहीं हो सकती। राजनीति के रोग का सही मारक और अधिक और बेहतर राजनीति ही हो सकती है। राजनीति का अपवर्जन नहीं।
- स्वतंत्रता का अभाव ही सबसे बड़ा अभाव है। परतंत्रता तो अभिशाप है, मानव के

चहुमुखी विकास में स्वतन्त्रता का सबसे ऊंचा स्थान होता है।

- भूखे पेट रहना या मरना स्वीकार है, यदि स्वतन्त्रता के बदले में भरपेट भोजन मिले तो मैं भोजन नहीं स्वतन्त्रता चाहूँगा।
- स्वतन्त्रता, समानता और बंधुत्व की जो ज्योति उन्हें राह दिखलाती थी, वहीं ज्योति उन्हें आखिर में सर्वोदय की मंजिले तक ले गयी।

हिंसा

- केवल वह लोग जिन्हें लोगों पर भरोसा और आत्मविश्वास नहीं है या फिर जनता का भरोसा जीतने में असमर्थ हैं, वही हिंसक रास्ते को अपनाते हैं।
- एक हिंसक क्रांति हमेशा किसी न किसी तरह की तानाशाही लेकर आई है।
- हिंसा और अहिंसा की चर्चा निरर्थक है। स्वतंत्रता संग्राम के संदर्भ में दोनों अच्छे हैं।
- एक हिंसक क्रांति हमेशा किसी न किसी तरह की तानाशाही लेकर आई है... क्रांति के बाद, धीरे-धीरे एक नया विशेषाधिकार प्राप्त शासकों एवं शोषकों का वर्ग खड़ा हो जाता है, लोग एक बार फिर जिसके अधीन हो जाते हैं।
- हिंसा, हिंसा को बढ़ाती है और मानवता का हनन करती है।
- हिंसक क्रांति से समाज में परिवर्तन संभव नहीं है। यह सर्वोदय जैसे अहिंसक क्रांति से ही संभव है।

हिंदू समाज

- हिन्दू समाज के जाति-प्रथा व दहेज जैसे कलंक को मिटा दें और भाईचारे तथा समानता आधारित समाज का निर्माण करें।
- जाति प्रथा को खत्म किया जाये। अब समय आ गया है कि हिन्दू समाज के इस कलंक को मिटा दें और भाईचारे तथा समानता को अपना आदर्श बनायें और अपने जीवन में उतारें। इसी तरह जन्म, विवाह और मृत्यु से जुड़े हुए हैं।

हिम्मत

- मैं लड़कियों से भी कहता था कि तुम्हारे अंदर भी इतनी हिम्मत होनी चाहिए कि लड़के वाले यदि तिलक, दहेज की माँग करें, तो ऐसे लड़के से हरगिज शादी नही करेंगे, ऐसा कह सको।

(बिहार में युवाओं को संबोधित करते हुए)

हित

- जब तक सार्वजनिक हितों के लिए व्यक्तिगत हितों का बलिदान नहीं करते, आवश्यकताओं को सीमित करने की ओर प्रवृत्त नहीं होते, राजनीतिक व आर्थिक क्षेत्रों में विकेन्द्रीकरण नहीं लाते तथा ग्रामों को स्वशासन और आत्मनिर्भर नहीं बनाते तब तक सच्चा लोकतन्त्र स्थापित नहीं होता।

हिंदुस्तान

- हिन्दुस्तान में गरीबी नहीं है। एक तरफ भुखमरी है। दूसरी ओर दौलत की मौज है। वर्तमान समाज के मूल रोग यानी आर्थिक और सामाजिक विषमता और उसके कारण हिन्दुस्तान में भी मौजूद है। यहाँ भी मुट्ठी भर लोग ज्यादा लोगों को चूस रहे है।

❖❖

भारत रत्न अटल बिहारी वाजपेयी

इतिहास अपने आप को दोहराता है। यह शाश्वत सत्य है। महाभारत काल में हमें भीष्म पितामह का चरित्र मिलता है जिन्होंने राजनीति की एक नई इबारत लिखी। द्वापर की यही मिसाल दोहराई गई कलियुग में। स्वतंत्र भारत में एक ऐसा राजनीतिक नक्षत्र उदित हुआ जिसकी ख्याति केवल भारत में ही नहीं बल्कि दुनिया में फैली। एक ऐसा चरित्र जिसने अपने राजनीतिक विरोधियों की भी प्रशंसा की।

भारत रत्न अटल बिहारी वाजपेयी

जीवन परिचय

भारत की माटी में एक विशेष बात रही है कि इस माटी ने समय-समय पर ऐसे वीरों को जन्म दिया है, जिन्होंने विचारधाराओं का संरक्षण करने हेतु मातृभूमि के प्रति अपना सर्वस्व न्यौछावर कर दिया। उन्हीं महापुरुषों में से एक अटल बिहारी वाजपेयी भी थे। जिन्हें राजनीति में होने के बाद भी अच्छे स्वाभाव और व्यवहार के कारण अजातशत्रु की उपाधि प्राप्त थी। वह भारतीय राजनीति के पितामह भी कहे जाते हैं।

आरम्भिक जीवन

उत्तर प्रदेश में आगरा जनपद के प्राचीन स्थान बटेश्वर के मूल निवासी पण्डित कृष्ण बिहारी वाजपेयी मध्य प्रदेश की ग्वालियर रियासत में अध्यापक थे। वहीं शिन्दे की छावनी में 25 दिसम्बर, 1924 को ब्रह्ममुहूर्त में उनकी सहधर्मिणी कृष्णा वाजपेयी से अटल जी का जन्म हुआ था। पिता कृष्ण बिहारी वाजपेयी ग्वालियर में अध्यापन कार्य तो करते ही थे इसके अतिरिक्त वह हिन्दी व ब्रज भाषा के सिद्धहस्त कवि भी थे। पुत्र में काव्य के गुण वंशानुगत परिपाटी से प्राप्त हुए। महात्मा रामचन्द्र वीर द्वारा रचित अमर कृति 'विजय पताका' पढ़कर अटल जी के जीवन की दिशा ही बदल गयी। अटल जी की बी.ए. की शिक्षा ग्वालियर के विक्टोरिया कॉलेज जिसे वर्तमान में लक्ष्मीबाई कालेज कहा जाता है, में हुई। छात्र जीवन से वह राष्ट्रीय स्वयंसेवक संघ के स्वयंसेवक बने और तभी से राष्ट्रीय स्तर की वाद-विवाद प्रतियोगिताओं में भाग लेते रहे।

संसद में चार दशक

वह चार दशकों तक भारतीय संसद के सदस्य रहे। लोकसभा, निचले सदन, दस बार, और दो बार राज्य सभा, ऊपरी सदन में चुने गए थे। उन्होंने लखनऊ के लिए संसद सदस्य के

रूप में कार्य किया, सन् 2009 तक उत्तर प्रदेश जब स्वास्थ्य सम्बन्धी चिन्ताओं के कारण सक्रिय राजनीति से सेवानिवृत्त हुए। अपना जीवन राष्ट्रीय स्वयंसेवक संघ के प्रचारक के रूप में आजीवन अविवाहित रहने का संकल्प लेकर प्रारम्भ करने वाले वाजपेयी राष्ट्रीय जनतान्त्रिक गठबन्धन (राजग) सरकार के पहले प्रधानमन्त्री थे। जिन्होंने गैर कांग्रेसी प्रधानमन्त्री पद के 5 वर्ष बिना किसी समस्या के पूरे किए। आजीवन अविवाहित रहने का संकल्प लेने के कारण इन्हें भीष्म पितामह भी कहा जाता है। उन्होंने 24 दलों के गठबन्धन से सरकार बनाई थी जिसमें 81 मन्त्री थे।

प्रधानमंत्री :

अटल बिहारी वाजपेयी भारत के तीन बार के प्रधानमन्त्री थे। वह पहले 16 मई से 1 जून 1996 तक, फिर सन् 1998 में और फिर 19 मार्च, 1999 से 22 मई, 2004 तक भारत के प्रधानमन्त्री रहे। वह हिन्दी कवि, पत्रकार व एक प्रखर वक्ता थे। वह भारतीय जनसंघ के संस्थापकों में एक थे और सन् 1968 से 1973 तक उसके अध्यक्ष भी रहे। उन्होंने लम्बे समय तक राष्ट्रधर्म, पाञ्चजन्य और वीर अर्जुन आदि राष्ट्रीय भावना से ओत-प्रोत अनेक पत्र-पत्रिकाओं का सम्पादन भी किया।

शिक्षा :

कानपुर के डी.ए.वी. कॉलेज से राजनीति शास्त्र में एम.ए. की परीक्षा प्रथम श्रेणी में उत्तीर्ण की। उसके बाद उन्होंने अपने पिताजी के साथ-साथ कानपुर में ही एल.एल.बी. की पढ़ाई भी प्रारम्भ की लेकिन उसे बीच में ही विराम देकर पूरी निष्ठा से संघ के कार्य में जुट गये। डॉ श्यामा प्रसाद मुखर्जी और पण्डित दीनदयाल उपाध्याय के निर्देशन में राजनीति का पाठ पढ़ा।

जनसंघ के संस्थापक :

वह भारतीय जनसंघ की स्थापना करने वालों में से एक थे और सन् 1968 से 1973 तक वह उसके राष्ट्रीय अध्यक्ष भी रह चुके थे। सन् 1952 में उन्होंने पहली बार लोकसभा चुनाव लड़ा, परन्तु सफलता नहीं मिली। उन्होंने हिम्मत नहीं हारी और सन् 1957 में उत्तर प्रदेश के जिला गोण्डा की बलरामपुर लोकसभा क्षेत्र से जनसंघ के प्रत्याशी के रूप में विजयी हुए। सन् 1957 से 1977 तक भारतीय जनता पार्टी की स्थापना तक बीस वर्ष वह लगातार जनसंघ के संसदीय दल के नेता रहे। मोरारजी देसाई की सरकार में सन् 1977 से 1979 तक विदेश मन्त्री रहे।

सन् 1980 में उन्होंने जनता पार्टी छोड़ दी और भारतीय जनता पार्टी की स्थापना की। 6 अप्रैल, 1980 में बनी भारतीय जनता पार्टी के अध्यक्ष पद का दायित्व अटल बिहारी वाजपेयी को सौंपा गया। वह दो बार राज्यसभा के लिए निर्वाचित हुए। अटल बिहारी वाजपेयी ने सन् 1996 में प्रधानमन्त्री के रूप में देश की बागडोर सम्भाली। 19 अप्रैल, 1998 को पुनः प्रधानमन्त्री पद की शपथ ली और उनके नेतृत्व में 13 दलों की गठबन्धन सरकार ने पाँच वर्ष तक सत्ता संभाली।

सन् 2004 में कार्यकाल पूरा पर लोकसभा चुनावों में भाजपा के राष्ट्रीय जनतान्त्रिक गठबन्धन (एनडीए) ने वाजपेयी के नेतृत्व में चुनाव लड़ा और भारत उदय का नारा दिया। इस चुनाव में किसी भी पार्टी को बहुमत नहीं मिला। ऐसी स्थिति में वामपन्थी दलों के समर्थन से कांग्रेस ने भारत की केन्द्रीय सरकार पर कायम होने में सफलता प्राप्त की और भाजपा विपक्ष में बैठने को मजबूर हुई।

प्रधानमन्त्री कार्यकाल :

अटल बिहारी वाजपेयी अटल विचारों के विश्व प्रसिद्ध राजनेता रहे। केवल भारत की राजनीति में ही नहीं सारी दुनिया की राजनीति में आपकी एक अलग पहचान थी।

भारत को परमाणु शक्ति सम्पन्न राष्ट्र बनाना :

अटल सरकार ने 11 और 13 मई, 1998 को पोखरण में पाँच भूमिगत परमाणु परीक्षण विस्फोट करके भारत को परमाणु शक्ति सम्पन्न देश घोषित कर दिया। इस कदम से उन्होंने भारत को निर्विवाद रूप से विश्व मानचित्र पर एक सुदृढ वैश्विक शक्ति के रूप में स्थापित कर दिया।

पाकिस्तान से सम्बन्धों में सुधार की पहल :

19 फरवरी, 1999 को सदा-ए-सरहद नाम से दिल्ली से लाहौर तक बस सेवा शुरू की गई। इस सेवा का उद्घाटन करते हुए प्रथम यात्री के रूप में वाजपेयी जी ने पाकिस्तान की यात्रा करके नवाज़ शरीफ से मुलाकात की और आपसी सम्बन्धों में एक नयी शुरुआत की।

कारगिल युद्ध :

कुछ ही समय पश्चात पाकिस्तान के तत्कालीन सेना प्रमुख परवेज़ मुशर्रफ की शह पर पाकिस्तानी सेना व उग्रवादियों ने कारगिल क्षेत्र में घुसपैठ करके कई पहाड़ी चोटियों पर कब्जा कर लिया। अटल सरकार ने पाकिस्तान की सीमा का उल्लंघन न करने की

अन्तरराष्ट्रीय सलाह का सम्मान करते हुए धैर्यपूर्वक किन्तु ठोस कार्यवाही करके भारतीय क्षेत्र को मुक्त कराया।

स्वर्णिम चतुर्भुज परियोजना :

भारत के चारों कोनों को सड़क मार्ग से जोड़ने के लिए स्वर्णिम चतुर्भुज परियोजना की शुरुआत की गई। इसके अन्तर्गत दिल्ली, कलकत्ता, चेन्नई व मुंबई को राजमार्गों से जोड़ा गया।

कावेरी जल विवाद :

एक सौ वर्ष से भी ज्यादा पुराने कावेरी जल विवाद को सुलझाने में आपकी अहम् भूमिका थी।

अन्य महत्वपूर्ण कार्य :

संरचनात्मक ढाँचे के लिये कार्यदल, सॉफ्टवेयर विकास के लिये सूचना एवं प्रौद्योगिकी कार्यदल, विद्युतीकरण में गति लाने के लिये केंद्रीय विद्युत नियामक आयोग आदि का गठन किया।

राष्ट्रीय राजमार्गों एवं हवाई अड्डों का विकास, नई टेलीकॉम नीति तथा कोकण रेलवे की शुरुआत करके बुनियादी संरचनात्मक ढाँचे को मजबूत करने वाले कदम उठाये।

व्यक्तिगत जीवन :

अटल बिहारी वाजपेयी ताउम्र अविवाहित रहे। उन्होंने दोस्त राजकुमारी कौल और बी एन कौल की बेटी नमिता भट्टाचार्य को दत्तक पुत्री के रूप में स्वीकार किया। अटल जी के साथ नमिता और उनके पति रंजन भट्टाचार्य रहते थे।

लेखन :

वह हिन्दी में लिखते हुए एक प्रसिद्ध कवि थे। वाजपेयी जी को काव्य रचनाशीलता एवं रसास्वाद के गुण विरासत में मिले हैं। उनके पिता कृष्ण बिहारी वाजपेयी ग्वालियर रियासत में अपने समय के जाने-माने कवि थे। वह ब्रजभाषा और खड़ी बोली में काव्य रचना करते थे।

अटल बिहारी वाजपेयी की प्रकाशित कार्यों में कैदी कविराई कुण्डलियां शामिल हैं। जो सन् 1975-77 आपातकाल के दौरान कैद किए गए कविताओं का संग्रह था- अमर आग है। अपनी कविता के सम्बन्ध में उन्होंने लिखा, "मेरी कविता युद्ध की घोषणा है,

हारने के लिए एक निर्वासन नहीं है। यह हारने वाले सैनिक की निराशा की ड्रमबीट नहीं है, लेकिन युद्ध योद्धा की जीत होगी। यह निराशा की इच्छा नहीं है लेकिन जीत का हलचल चिल्लाओ।" मेरी इक्यावन कविताएँ अटल जी का प्रसिद्ध काव्यसंग्रह है। पारिवारिक वातावरण साहित्यिक एवं काव्यमय होने के कारण उनकी रगों में काव्य रक्त-रस अनवरत घूमता रहा है। उनकी सर्व प्रथम कविता ताजमहल थी।

अटल बिहारी वाजपेयी पत्रकार के रूप में भी पहचाने जाते हैं। दुनिया में शायद ऐसे विरले राजनेता होंगे जिन्हें कलम का सिपाही कहा जा सके। उनकी कुछ प्रमुख प्रकाशित रचनाएं हैं - **1.** राष्ट्रीय एकीकरण,

2. भारत की विदेश नीति,

3. Dynamics of an Open Society,

4. असम समस्या: दमन समाधान नहीं,

5. Atal Bihari Vaj Mem Tina Dasaka,

6. Kucha Lekha, Kucha Bhashana,

7. प्रधानमंत्री अटल बिहारी वाजपेयी के चुने हुए भाषण,

8. मेरी इक्यावन कविताएँ,

9. क्या खोया क्या पाया : अटल बिहारी वाजपेयी, व्यक्तित्व और कविताएं,

10. रग-रग हिन्दू मेरा परिचय,

11. मृत्यु या हत्या,

12. अमर बलिदान (लोक सभा में अटल जी के वक्तव्यों का संग्रह),

13. कैदी कविराय की कुण्डलियां,

14. संसद में तीन दशक,

15. अमर आग है, और

16. कुछ लेख: कुछ भाषण, आदि

अटल जी पर पुस्तकें :

1. किंगशुक नाग द्वारा अटल बिहारी वाजपेयी, ए मैन फॉर ऑल सीजन्स
2. ए एस दुलत द्वारा कश्मीर द वाजपेई इयर्स,
3. किंगशुक नाग द्वारा भगवा ज्वार
4. विजय त्रिवेदी द्वारा हार नहीं मानूंगा,
5. एन पी द्वारा द अनटोल्ड वाजपेयी

अटल बिहारी वाजपेयी
संसद
में
तीन
दशक

पुरस्कार

1992 : पद्म विभूषण

1993 : डी लिट (कानपुर विश्वविद्यालय)

1994 : लोकमान्य तिलक पुरस्कार

1994 : श्रेष्ठ सासंद पुरस्कार

1994 : भारत रत्न पण्डित गोविन्द वल्लभ पन्त पुरस्कार

2015 : डी लिट (मध्य प्रदेश भोज मुक्त विश्वविद्यालय) जिया लाल बैरवा (देवली)

2015 : 'फ्रेंड्स ऑफ बांग्लादेश लिबरेशन वार अवॉर्ड', (बांग्लादेश सरकार द्वारा प्रदत्त)

2015 : भारतरत्न से सम्मानित

सर्वतोमुखी विकास के लिये किये गये योगदान तथा असाधारण कार्यों के लिये सन् 2015 में उन्हें भारत रत्न से सम्मानित किया गया।

जीवन के प्रमुख तथ्य :

एक बार उनसे पूछा गया कि आपने शादी क्यों नहीं की तो तपाक से उत्तर दिया - "मैं इतना व्यस्त रहता हूं कि भूल गया।" एक अन्य पत्रकार के इसी सवाल का जवाब उन्होंने कुछ ऐसे दिया - "घटनाचक्र ऐसा ऐसा चलता गया कि मैं उसमें उलझता गया और विवाह का मुहूर्त नहीं निकल पाया। अफेयर भी कभी नहीं हुआ ज़िंदगी में ? इस प्रश्न का उत्तर देते हुए अटल जी ने मुस्कान के साथ जवाब दिया - "अफेयर की चर्चा सार्वजनिक रूप से नहीं की जाती है।" उन्होंने क़ुबूल किया कि वह अकेला महसूस करते हैं।

वाजपेयी की अधूरी प्रेम कहानी :

जब अटल ग्वालियर के एक कॉलेज में पढ़ रहे थे। तब उनकी और राजकुमारी कौल एक खूबसूरत प्रेम कहानी थी। दोनों ने अपने रिश्ते को कभी कोई नाम नहीं दिया। अटल बिहारी वाजपेयी और राजकुमारी कौल के बीच चले इस रिश्ते की राजनीतिक हलकों में भी खूब चर्चा हुई थी। अटलजी पर लिखी गई किताब "अटल बिहारी वाजपेयी : ए मैन ऑफ आल सीजंस" के लेखक और पत्रकार किंगशुक नाग ने वाजपेयी की अधूरी प्रेम कथा को लेकर लिखा कि वह ऐसे दिन थे जब लड़के और लड़कियों की दोस्ती को अच्छी निगाह से नहीं देखा जाता था इसलिए आमतौर पर प्यार होने पर भी लोग भावनाओं का इजहार नहीं कर पाते थे।

इसके बाद भी युवा अटल ने लाइब्रेरी में एक किताब के अंदर राजकुमारी के लिए एक पत्र रखा लेकिन उन्हें उस पत्र का कोई जवाब नहीं मिला। किताब में राजकुमारी कौल के एक परिवारिक करीबी के हवाले से कहा गया कि वास्तव में वह अटल से शादी करना चाहती थीं लेकिन घर में इसका जबरदस्त विरोध हुआ। अटल ब्राह्मण थे लेकिन कौल अपने को कहीं बेहतर कुल का मानते थे। इसके बाद अटल देश सेवा में इतना व्यस्त हो गए कि उन्होंने कभी शादी करने का सोचा ही नहीं।

हिंदी में भाषण :

अटल बिहारी वाजपेयी पहले भारतीय नेता रहे जिन्होंने संयुक्त राष्ट्र संघ में हिंदी में भाषण देकर देश का मान बढ़ाया।

संन्यास :

सन् 2005 में आपने राजनीति से संन्यास ले लिया और नई दिल्ली में 6-ए कृष्णामेनन मार्ग स्थित सरकारी आवास में रहने लगे थे।

निधन :

16 अगस्त, 2018 को लम्बी बीमारी के बाद अखिल भारतीय आयुर्विज्ञान संस्थान, दिल्ली में अटल बिहारी वाजपेयी का निधन हो गया। वह जीवन भर भारतीय राजनीति में सक्रिय रहे। 17 अगस्त, 2018 को हिन्दू संस्कृति पद्धति के अनुसार अन्तिम संस्कार किया गया। उनकी दत्तक पुत्री नमिता कौल भट्टाचार्या ने उन्हें मुखाग्नि दी। उनका समाधि स्थल राजघाट के पास शान्ति वन में बने स्मृति स्थल में बनाया गया है।

❑

अनमोल वचन

अनमोल वचन

भारतीय राजनीति के भीष्म पितामह, अजातशत्रु, विश्व प्रसिद्ध नेता के साथ-साथ आपकी छवि एक ओजस्वी वक्ता, लेखक, कवि और पत्रकार के रूप में भी है। अविवाहित अटल बिहारी वाजपेयी ने भारतीय राजनीति में लगभग सैंतालीस सावन देखे। अटल बिहारी वाजपेयी ने विदेशी मंत्री की हैसियत से लोकसभा में अपने एक वक्तव्य में स्पष्ट शब्दों में कहा था- "जब मैंने विदेश मंत्रालय का भार सम्भाला और इस सदन में विदेश मंत्री के नाते पहला भाषण दिया तो मैंने पंडित जवाहर लाल नेहरू से लेकर श्री यशवन्तराव चव्हाण तक को बधाई दी थी , उनके प्रति साधुवाद अर्पित किया था । तीस साल की हमारी परम्परा का यह अंग है, यह हमारे इतिहास का हिस्सा है। पंडित नेहरू से मेरे भी मतभेद थे और मैंने मतभेदों को कभी छिपाया नहीं, लेकिन जब कभी प्रशंसा का वक्त आया, तो मैंने उसमें कृपणता से काम नहीं लिया।" ऐसे थे उनके सुविचार।

सावन की फुहार से शब्द रूपी जल की बूंदें अमृत बन आज भी संसार के मानव समाज के मस्तक पटल पर अंकित हैं। हिंदी वर्णाक्रम में यहां उनके अनमोल वचन संग्रह को प्रस्तुत किया गया है।

अहिंसा

- हम अहिंसा में विश्वास रखे हैं। और यह चाहते हैं कि विश्व के संघर्षों का समाधान शांति और समझौते के मार्ग से हो।
- उस व्यक्ति में अहिंसा की भावना है जिसकी अंतरात्मा सत्य में विराजमान होती है, जो सभी को एक दृष्टि से देखती है।
- अहिंसा का भाव उसी में है, जिसके हृदय में सत्य बैठा है, जो सबको समान दृष्टि से देखता है।

- जब हम अहिंसा और शांति की बातें करते हैं तो दुनिया इस बात को देखती है और चाहती है कि उसका व्यवहार देश के भीतर भी होना चाहिए। उसका अबलम्बन किया जाना चाहिए।

अहसास

- मैं अपनी सीमाओं से परिचित हूं। मुझे अपनी कमियों का अहसास भी है।

अकाल

- हमने भूख को समाप्त कर दिया, लेकिन अब हमें अकाल को समाप्त करना होगा।

अनुशासन

- हम अगर देश में राजनीतिक और सामाजिक अनुशासन पैदा करना चाहते हैं तो उसके लिए भ्रष्टाचार का निराकरण आवश्यक है।

अब

- अब न चलेगा राष्ट्र प्रेम का गर्हित सौदा।

अस्पृश्यता

- अस्पृश्यता न केवल कानून के खिलाफ है, बल्कि यह ईश्वर और मानवता के खिलाफ भी एक गंभीर अपराध है।

अमेरिका

- अमेरिका के साथ हमारे सम्बन्धों में सुधार हो यह आवश्यक है लेकिन सुधार तभी हो सकता है जब इस भूखण्ड के बारे में अमेरिका के दृष्टिकोण में परिवर्तन हो।

अंतरराष्ट्रीय

- इस बात से इनकार नहीं किया जा सकता कि पिछले दस वर्षों में हमने जिस विदेश-नीति का अवलम्बन किया है, उसके कारण संसार में भारत की प्रतिष्ठा बढ़ी है।

(2 सितंबर,1957 को लोकसभा में विदेश नीति पर पहले भाषण के अंश)

- हमारे प्रधानमंत्री जहां कहीं जाते हैं, करोड़ों व्यक्ति उनका सम्मान करते हैं। उन्हें शान्ति का देवदूत कहकर पुकारा जाता है। जब उनका सम्मान होता है तो यह प्रत्येक भारतीय को, वह किसी भी पार्टी का हो, आनन्द देता है।

(2 सितंबर,1957 को लोकसभा में विदेश नीति पर पहले भाषण के अंश)

- मुझे खेद है कि जिस अनुपात में हमारी अन्तरराष्ट्रीय प्रतिष्ठा बढ़ी है, शायद उसी अनुपात में हमारी अन्तर्राष्ट्रीय कठिनाइयां भी बढ़ गई हैं। यदि हम अपने देश की समस्याओं पर विचार करें तो हम देखते हैं कि हमारी समस्यायें अधिकाधिक उलझती जा रही हैं।

(2 सितंबर,1957 को लोकसभा में विदेश नीति पर पहले भाषण के अंश)

- अंतरराष्ट्रीय राजनीति नैतिकता के आधार पर नहीं चलती।
- अंतरराष्ट्रीय जगत में एक हाथ से ताली नहीं बजा करती।
- अंतरराष्ट्रीय क्षेत्र में न कोई स्थाई मित्र होता है और न कोई स्थाई शत्रु।
- आज जब कि दुनिया यह स्वीकारती है कि शांति तथा परस्परावलंबिता के लिए अंतरराष्ट्रीय सहयोग जरूरी है, भारत अपने हितों के संरक्षण तथा अंतरराष्ट्रीय क्षेत्र में सामाजिक न्याय की स्थापना के उदात्त लक्ष्य को एक साथ साधने वाली नीति का भली-भांति अवलंबन कर सकता है।
- हम न केवल पुरानी नीतियों की विश्वसनीयता पाने में सफल हुए हैं बल्कि हमने यह भी पाया है कि सर्वत्र भारत के साथ अधिक गहरी मित्रता बढ़ाने की इच्छा विद्यमान है। विश्व का भारत पर भरोसा है और जागरूक राष्ट्रों ने सर्वत्र हमें इसी सद्भावना का आश्वासन दिया है। यह सद्भावना अपने में महत्वपूर्ण है क्योंकि प्रधानमंत्री तथा अन्य मंत्रियों के रूप में नये नाविकों ने राष्ट्र की पतवार सम्भाली है।

(29 जून, 1977, विदेश मंत्री के रूप में पहला भाषण, लोकसभा में)

- एक राष्ट्र के नाते हममें इतना आत्मविश्वास है कि हम मित्रता के हाथ को थाम सकते हैं और ऐसे सहयोग का स्वागत कर सकते हैं जो आत्मगौरव के अनुकूल और राष्ट्रीय तथा पारस्परिक लाभ की कसौटी पर खरा है। आज हम उन देशों के साथ सहयोग की इच्छा को ठोस रूप देने की बेहतर स्थिति में हैं जहां लाभदायक पूरकता है और जो अन्तर्राष्ट्रीय स्थायित्व में समान रूप से रुचि रखते हैं।

(29 जून, 1977, विदेश मंत्री के रूप में पहला भाषण, लोकसभा में)

- पारस्परिक हितसाधन की इसी विशुद्ध भावना से हम अन्य राष्ट्रों के साथ द्विपक्षीय सम्बन्ध कायम करेंगे। फिर उनकी विचारधारा, उनकी राज-व्यवस्था तथा उन के विकास की स्थिति कितनी ही भिन्न क्यों न हो, हमारी दूसरी बड़ी पूंजी यह है कि भारत कभी घृणा पर जीवित नहीं रहा। भारत ने कभी पराई भूमि को ललचाई नजरों से नहीं देखा। शरीरों पर राज करने के बजाय हमने हृदयों को जीतने का प्रत्यत्न किया है। हमारी संस्कृति हमें न तो हीनता का भाव देती है और न परमुखापेक्षी बनाती है।

(29 जून, 1977, विदेश मंत्री के रूप में पहला भाषण, लोकसभा में)

आत्म गौरव

- निराशा की अमावस के अंधकार में हम अपना मस्तक आत्म-गौरव के साथ तनिक ऊँचा उठाकर देखें।
- आत्मगौरव को बनाए रखेंगे है। यह प्राचीन राष्ट्र अपनी महान सभ्यता, सहिष्णुता की पुरानी परम्परा, प्राकृतिक साधनों की विपुलता तथा विशाल जनबल के आधार पर जिसमें विज्ञान पर विजय प्राप्त करने की मानसिक क्षमता तथा कड़ी मेहनत और आत्मसंयम से काम लेने की भारी शक्ति है।

आदमी

- पहचान आदमी न ऊंचा होता है, न नीचा होता है, न बड़ा होता है, न छोटा होता है।
- आदमी सिर्फ आदमी होता है।

आजादी

- खुली हवा में ज़रा साँस तो ले लें, कब तक रहेगी आज़ादी कौन जाने।

(7 फरवरी, 1977, रामलीला मैदान, दिल्ली)

आरक्षण

- आरक्षण का मामला इतना नाज़ुक है कि उसे बहुत सम्भाल कर हाथ लगाने की जरूरत है। रोजगार के घटते हुए अवसरों और नौजवानों की बढ़ती हुई अपेक्षाओं में संतुलन कायम रखना ऊंचे दर्जे की नीतिमत्ता की माँग करता है।

इंसान

- इंसान बनो, केवल नाम से नहीं, रूप से नहीं, शक्ल से नहीं बल्कि हृदय से, बुद्धि से, ज्ञान से बनो।
- पेड़ के ऊपर चढ़ा इंसान बड़ा दिखाई देता है, जड़ में खड़ा इंसान छोटा दिखाई देता है। न इंसान बड़ा होता है, न छोटा होता है, न ऊंचा होता है, न नीचा होता है। इंसान सिर्फ इंसान होता है।

इतिहास

- इतिहास में हुई गलती के लिए आज किसी से भी प्रतिशोध लेने का समय नहीं है, लेकिन उस गलती को ठीक करने का सवाल है।

इरादे

- मैं यहां वादे लेकर नहीं, इरादे लेकर आया हूं।
- जूझने का मेरा इरादा न था, मोड़ पर मिलेंगे इसका वादा न था।

इंदिरा गांधी

- इंदिरा गांधी का बैंक राष्ट्रीयकरण का फैसला कतई आर्थिक न होकर पूरी तरह से राजनीतिक था।
- मैं ख़ुश हूँ कि इंदिरा गांधी याह्या ख़ाँ को सबक सिखा रही हैं। हमारे पास एक ऐतिहासिक मौक़ा है कि हम एक धर्मशासित देश को समाप्त कर दें या उसके जितना संभव हो उतने छोटे टुकड़े कर दें।

(सन् 1971 में भारत पाकिस्तान युद्ध के समय)

- उन्होंने (इंदिरा गांधी) दो सप्ताह की लड़ाई में ठंडे दिमाग़ से काम लिया और देश को आत्मविश्वास से भरा नेतृत्व प्रदान किया।

(सन् 1971 में भारत पाकिस्तान युद्ध की समाप्ति के समय)

ईश्वर

- भुखमरी ईश्वर का कोई विधान नहीं है बल्कि यह तो मानवीय व्यवस्थाओं की विफलता का परिणाम है।

ईमानदारी

- अगर किसी देश में हलचल नजर आए तो समझिए कि वहां का राजा ईमानदार है।

उम्मीद

- सेवा कार्यों की उम्मीद सरकार से नहीं की जा सकती। उसके लिए समाज सेवी संस्थाओं को ही आगे बढ़ना पड़ेगा।
- सेवा-कार्यों की उम्मीद सरकार से नहीं की जा सकती । उसके लिए समाज-सेवी संस्थाओं को ही आगे उगना पड़ेगा।

उज्ज्वलता

- अमावस के अभेद्य अंधकार का अंतःकरण पूर्णिमा की उज्ज्वलता का स्मरण कर थर्रा उठता है।

उर्दू

- उर्दू भारत में पैदा हुई है, उर्दू भारत की भाषा है, उर्दू फले-फूले यह हम चाहते हैं लेकिन उर्दू राजभाषा बने या न बने यह प्रश्न अलग है जिसकी मैं इस समय चर्चा नहीं करूंगा।

एहसास

- मैं अपनी सीमाओं से परिचित हूं। मुझे अपनी कमियों का एहसास है। समरसता की कोई कमी नहीं है. यह देश बहुत अद्भुत है, बड़ा अनोखा है। किसी भी पत्थर को सिंदूर लगाकर अभिवादन किया जा सकता है।

एटम बम

- एटम बम का जवाब क्या है ? एटम बम का जवाब एटम बम है और कोई जवाब नहीं।

ऐटामिक शक्ति

- जब तक हम ऐटामिक शक्ति नहीं बनेंगे, जब तक हमारा चीन की शक्ति से सन्तुलन नहीं होगा , जब तक दोनों देशों को यह पता न होगा कि युद्ध का अर्थ विजय नहीं विनाश है, तब तक शन्ति नहीं होगी।

औद्योगिक विकास

- अन्न उत्पादन के द्वारा आत्मनिर्भरता के बिना हम न तो औद्योगिक विकास का सुदृढ़ ढांचा ही तैयार कर सकते है और न विदेशों पर अपनी खतरनाक निर्भरता ही समाप्त कर सकते हैं।

कदम

- हमें जलना होगा, गलना होगा। कदम मिलकर चलना होगा।

कांग्रेस

- ऐतिहासिक कारणों से कांग्रेस का स्वरूप एक राजनीतिक मंच का अधिक और एक राजनीतिक दल का कम रहा है।

कल्याण

- हम एक विश्व के आदर्शों की प्राप्ति और मानव कल्याण तथा उसकी कीर्ति के लिए त्याग और बलिदान की बेला में कभी भी कदम पीछे नहीं हटाएंगे।

कोशिश

- बिना हमको सफाई का मौका दिए फांसी पर चढ़ाने की कोशिश मत करिए। क्योंकि हम मरते-मरते भी लड़ेंगे और लड़ते-लड़ते भी मरने को तैयार है।

काजल

- राजनीति काजल की कोठरी है, जो इसमें जाता है, काला होकर ही निकलता है। ऐसी राजनीतिक व्यवस्था में ईमानदार होकर भी सक्रिय रहना, बेदाग छवि बनाए रखना, क्या कठिन नहीं हो गया है ?

कविता

- मेरी कविता जंग का ऐलान है, पराजय की प्रस्तावना नहीं। मेरी कविता हारे हुए सिपाही का नैराश्य-निनाद नहीं, जूझते योद्धा का जय-संकल्प है। वह निराशा का स्वर नहीं, आत्मविश्वास का जयघोष है।

कवि

- मेरा कवि हृदय मुझे राजनीतिक समस्याएं झेलने की शक्ति देता है।

क्रांतिकारी

- क्रान्तिकारियों के साथ हमने न्याय नहीं किया, देशवासी महान क्रान्तिकारियों को भूल रहे हैं, आजादी के बाद अहिंसा के अतिरेक के कारण यह सब हुआ।

कपड़े

- कपड़ों की दुधिया सफेदी, मन की मलिनता को नहीं छिपा सकती।

कल

- कल-कल करते आज हाथ से निकले सारे, भूत भविष्य की चिंता में वर्तमान की बाज़ी हारे।

कुर्सी

- मुझे कुर्सी की कोई लालसा नहीं है। मुझे उन लोगों पर तरस आता है जो विपक्षी दल में बैठने की इज्जत छोड़ देते हैं और कुर्सी के लिए लालायित होकर सरकार दल के पंख पकड़ने को आतुर रहते हैं।

कृषि

- हमारा कृषि विकास संतुलित नहीं है और न ही इसे स्थायी माना जा सकता है।

कुंवारा

- मैं अविवाहित हूं...लेकिन कुंवारा नहीं।

खेल

- खेल ही नहीं, दिल भी जीतिए।
  (भारतीय क्रिकेट टीम को सन् 2004 में पाकिस्तान दौरे पर जाते समय)

गरीबी

- गरीबी बहुआयामी है। यह हमारी कमाई के अलावा स्वास्थ्य, राजनीतिक भागीदारी, हमारी संस्कृति और सामाजिक संगठन की उन्नति पर भी असर डालती है।

गति

- जब तक ध्येय न पूरा होगा, तब तक पग की गति न रुकेगी।

गुटनिरपेक्ष

- मेरा निवेदन है कि भारत को न केवल गुट-निरपेक्ष रहना है बल्कि निरपेक्ष दिखाई भी देना है। यदि हमारी किसी कथनी या करनी से यह भ्रम पैदा होता है कि हम किसी एक विशेष गुट की ओर झुक गए हैं और हमने गुण-दोष के आधार पर स्वतन्त्र निर्णय करने के सर्वप्रमुख सम्पन्न अधिकार का परित्याग कर दिया है तो यह गुट-निरपेक्षता की सीधी किन्तु कठिन राह से भटकना भी होगा। जनता सरकार ऐसी भूल नहीं करेगी।
- गुटनिरपेक्षता की नीति किसी एक व्यक्ति या एक दल की नीति नहीं है। यह राष्ट्रीय सहमति पर आधारित है। साम्राज्यवाद के चंगुल से मुक्त होने के बाद भारत जैसा विशाल देश किसी शक्ति का पिछलग्गू नहीं हो सकता। ऐसा करना हमारे स्वतन्त्रता संग्राम के आदर्शों के प्रति अन्याय करना होता। ऐसा करना हमारे राष्ट्रीय स्वाभिमान के प्रतिकूल होता।
- गुट निरपेक्षता की नीति राष्ट्रीय स्वतन्त्रता का अन्तरराष्ट्रीय क्षेत्र में स्वाभाविक तथा आवश्यक विस्तार है। गत तीन दशकों में जो कुछ घटा है। उससे गुट निरपेक्षता की नीति की सार्थकता ही सिद्ध हुई है।

- गुटनिरपेक्षता अब शस्त्रों से सज कर विरोधी शिविरों की विश्व समर भूमि में, जो अपनी-अपनी विचारधारा की विजय-पताका लेकर एक-दूसरे पर हावी होने या एक-दूसरे को सीमित करने पर तुले हुए थे, कोई एकाकी स्वर नहीं।
- अब गुट निरपेक्षता की आवाज एक ऐसे जयघोष में बदल गई है जो मानव समाज के राष्ट्रों के कंठों से फूट कर समूचे संसार पर छा गई है। नई सरकार ने गुट निरपेक्ष राष्ट्रों के ब्यूरो के सम्मेलन को नई दिल्ली में करने के निर्णय को पुष्ट करने में एक क्षण की भी देर नहीं लगाई, यद्यपि वह सम्मेलन पखवाड़े के भीतर ही होना था।
- हमने विदेश नीति के आधारभूत तत्वों की पुष्टि की है क्योंकि गुट निरपेक्षता यह मानती है कि आणविक अस्त्रों के ढेर पर बैठे हुए वर्तमान विश्व में युद्ध या युद्ध की अनिवार्यता को रद्द कर दिया जाना चाहिए। हम अपनी राष्ट्रीय स्वतंत्रता को अनमोल समझते हैं। किन्तु राष्ट्रीय सुरक्षा को किसी प्रतिबद्ध या पूरक सैनिक या सैद्धांतिक गठजोड़ के सुपुर्द करने की आवश्यकता को अस्वीकार करते हैं। गुट निरपेक्षता किसी राष्ट्र को ऐसे सांचे उधार लेने या ऐसी विचारधारा अपनाने के दबाव से मुक्त रखती है , जो उस देश की सभ्यता या प्रतिभा के प्रतिकूल है।
- हमारा विश्वास है कि भारत आज बड़ी अच्छी स्थिति में है और विश्व का राजनीतिक आचरण गुट निरपेक्षता के ढांचे के भीतर हमारी नीति के दो बुनियादी उद्देश्यों को पूर्ण करने के लिए बड़ा शुभ है।
- कांग्रेस की जगह और कोई पार्टी शासन में आती और पंडित जी की जगह कोई और प्रधानमंत्री होता, तो भी गुट-निरपेक्षता की नीति पर चलने के अलावा हमारे सामने और कोई चारा नहीं था।
- गुटनिरपेक्षता हमारी राष्ट्रीय स्वतन्त्रता का अन्तर्राष्ट्रीय क्षेत्र में विस्तार है।
- हमारे मित्र स्वामी जी चाहते हैं कि हम गुटनिरपेक्षता न कहें उसे आत्मनिर्भरता की नीति कहें। वह मुझे क्षमा करें। गुटनिरपेक्षता की नीति का आधार है आत्म निर्भरता। अगर हम किसी गुट में शामिल हो गये, किसी बड़ी ताकत पर निर्भर हो गये तो फिर आत्मनिर्भर कैसे हो सकते हैं ? गुटनिरपेक्षता की नीति का यह भी निचोड़ है कि हम हर एक अन्तरराष्ट्रीय प्रश्न का निर्णय उसके गुण व दोष के आधार पर करेंगे, स्वतन्त्र बुद्धि से करेंगे, निर्भीकता से करेंगे और राष्ट्रीय हितों और अन्तर्राष्ट्रीयता के व्यापक तकाजों का मेल बैठायेंगे।
- जब भारत ने गुटनिरपेक्ष होने का फैसला किया तब गुटनिरपेक्षता को अनैतिक माना जाता था। मेरे मित्र स्वामी को इस बात का ध्यान रखना चाहिए कि उस वक्त

गुटनिरपेक्ष कहने के लिए साहस की जरूरत थी और स्वतन्त्रता संग्राम में जो सेनानी बलिदान और त्याग की अग्नि में कुन्दन बनकर चमके थे वही गुटनिरपेक्षता की बात कर सकते थे। हमने उन्हीं की गुटनिरपेक्षता की नीति को अपनाया है।...यह नीति किसी व्यक्ति की नीति नहीं है, किसी दल की नहीं है, सारे राष्ट्र की नीति है।

- जब दुनिया के नए-नए आजाद होने वाले देश गुटनिरपेक्ष आन्दोलन के सदस्य बनने के लिए आग्रह कर रहे हैं और गुटनिरपेक्ष देशों की संख्या लगभग नब्बे हो गई है, तब हमारे देश में अगर गुटनिरपेक्षता के खिलाफ कोई आवाज उठे तो समझना चाहिए कि हमारे लिए विदेश नीति के मामले पर थोड़ा और गहराई से विचार करना जरूरी है।
- गुटनिरपेक्षता की नीति कोई नकारात्मक नीति नहीं है, बल्कि भावात्मक, सकारात्मक और रचनात्मक नीति है और अंतरराष्ट्रीय क्षेत्र में हमारी संप्रभुता का विस्तार है।

घोर

- घिरे घोर घन दासताँ के भयंकर, गवाँ बैठे सर्वस्व आपस में लडकर।

चाहत

- जब मैं बोलना चाहता हूं तो लोग सुनते नहीं, जब लोग चाहते हैं की मैं बोलूं, तो मेरे पास बोलने को कुछ नहीं होता।

चौराहा

- चौराहे पर लुटता चीर, प्यादे से पिट गया वजीर।

चमक

- चमकता रहा पूज्य भगवा हमारा।

चिमटा

- यदि जोड़-तोड़ से शक्ति हमें प्राप्त हो जाए तो हम उसे चिमटे से भी छूना पसन्द नहीं करेंगे।

चुनाव

- चुनाव धन-शक्ति और गुण्डा-शक्ति के बड़े पैमाने पर प्रयोग के कारण दूषित हो गये हैं। दलीय पद्धति दल-बदल की अनैतिक प्रवृत्ति के कारण क्षतिग्रस्त हो रही है।
- चुनाव आयोग आरोप-प्रत्यारोपों के घेरे में आ गया है।

छुआछूत

- छुआछूत कानून के विरुद्ध ही नहीं, यह परमात्मा तथा मानवता के विरुद्ध भी एक गंभीर अपराध है।
- परमात्मा भी आकर कहे कि छुआछूत मानो, तो मैं ऐसे परमात्मा को मनाने को तैयार नहीं लेकिन परमात्मा ऐसा कर नहीं सकता।

छुई-मुई

- छुईमुई के पेड़ नहीं जो छूते ही मुरझा जाएंगे।

छल

- क्या खोया, क्या पाया जग में,मिलते और बिछुड़ते मग में, मुझे किसी से नहीं शिकायत, यद्यपि छला गया पग-पग में।

जीवन

- जीवनरूपी फूल को पूर्ण ताकत के साथ खिलाएं।
- अपना जीवन जीना एक कला है, एक विज्ञान है। इन दोनों में समन्वय आवश्यक है।
- जीवन को टुकड़ों में नहीं बांटा जा सकता, उसका 'पूर्णता' में ही विचार किया जाना चाहिए।
- जीवन को टुकड़ों में नहीं बांटा जा सकता, उसका पूर्णता में ही विचार करा जाना चाहिए।
- जीतना और हारना जीवन का एक मुख्य हिस्सा है, जिसे हमें समानता के साथ देखना चाहिए।
- हमें अपने जीवन की यात्रा को कंधे से कंधा मिलाकर, कदम-से-कदम मिलाकर ध्येय-सिद्धि के शिखर तक ले जाना है। भविष्य का भारत हमारे प्रयासों और कड़ी मेहनत पर निर्भर करता है। हमें अपने कर्तव्यों का पालन करना चाहिए, हमारी सफलता सुनिश्चित है।
- भारत के ऋषियों-मुनियों ने जो संयुक्त जीवन बुना था, आज उसे उपहास का विषय बनाया जा रहा है।
- 'जैसी बहे बयार, पीठ तब तैसी दीजै'- आराम से जिंदगी जीने का कारगर नुस्खा हो सकता है, किन्तु उससे नवस्वाधीन राष्ट्र को नवनिर्माण के लिए कठोर परिश्रम

करने की ओर प्रेरित नहीं किया जा सकता। उसके लिए कुछ जीवन मूल्यों में गहरी प्रतिबद्धता आवश्यक है।

जैव विविधता

- जैव विविधता सम्मेलन से दुनिया के गरीबों के लिए कोई भी ठोस लाभ नहीं निकला है।

जहर

- जातिवाद का जहर समाज के हर वर्ग में पहुंच रहा है। यह स्थिति सबके लिए चिंताजनक है। हमें सामाजिक समता भी चाहिए और सामाजिक समरसता भी चाहिए।

जनभावना

- भारत में भारी जन भावना थी कि पाकिस्तान के साथ तब तक कोई सार्थक बातचीत नहीं हो सकती जब तक कि वो आतंकवाद का प्रयोग अपनी विदेशी नीति के एक साधन के रूप में करना नहीं छोड़ देता।

जड़ता

- जड़ता का नाम जीवन नहीं है, पलायन पुरोगमन नहीं है।

जयप्रकाश

- जयप्रकाश जी! रखो भरोसा, टूटे सपनों को जोड़ेंगे।

जवान

- जवान मर्दों की लाशों के ढेर पर चढ़कर, जो सत्ता के सिंहासन तक पहुंचना चाहते हैं।

जातिवाद

- जाति-उपजाति, उपासना पद्धति, भाषा और रहन-सहन के आधार पर बटा हुआ समाज और भी बिखर रहा है।
- जातिवाद का जहर जन-जीवन को जीर्ण कर रहा है।

जम्मू-कश्मीर

- जम्मू कश्मीर हमारे लिए जमीन का एक टुकड़ा नहीं है। वह कुछ आदर्शों का, कुछ सिद्धांतों का प्रतीक है।

- जम्मू कश्मीर की जनता इस पर कायम है। उससे भी आगे, जब जम्मू कश्मीर भारत का अंग बन गया तो उस हिस्से की तकदीर का फैसला केवल जम्मू कश्मीर की जनता नहीं करेगी, शेष भारत की जनता भी करेगी।
- हम भारत को टुकड़े-टुकड़े बांटने की गलती नहीं कर सकते लेकिन अगर जम्मू कश्मीर के बारे में एक गलत कदम लिया गया, तो इसकी प्रतिक्रिया सारे देश में बुरी होगी, विघटनकारी शक्तियों को मौका मिलेगा, पृथकतावादी माँगें बल पकड़ेंगी और एक अखण्ड, अजेय और अभेद्य भारत का निर्माण करने का हमारा संकल्प मिट्टी में मिल जायेगा।

झिलमिल

- झिलमिल झिलमिल, ज्योतित माँ का पूज्य भाल है।

झेलम

- झेलम की लहरें पुकारती, यूनानी का रक्त दिखाकर, चन्द्रगुप्त को है गुहारती।

झूकना

- अमरीका क्या संसार भले ही हो विरुद्ध, काश्मीर पर भारत का सर नही झुकेगा

टूट

- टूटे हुए सपनों की कौन सुने सिसकी, अन्तर की चीर व्यथा पलकों पर ठिठकी
- हार नहीं मानूंगा, रार नहीं ठानूंगा,

तनिक

- इन्हें तनिक-सा प्यार चाहिए, नजरों में एतबार चाहिए, गोदी में चढ़कर बैठेंगे, हंसकर पैरों में लोटेंगे।

तटस्थ

- हम तटस्थ रहना चाहते हैं। तटस्थ का मतलब है, तट पर स्थित, तटस्थ। जो किनारे पर खड़ा है वह तटस्थ है।

दृष्टिकोण

- मेरे पास भारत का एक दृष्टिकोण है- भारत भूख और भय से मुक्त बनाने का, भारत

को निरक्षरता से मुक्त करने का और यही ये चाहता है।

दोस्त

- आप दोस्तों को बदल सकते हैं लेकिन पड़ोसी नहीं।
- हम कमजोरी से नहीं, बल्कि शांति के लिए दोस्ती की पेशकश करते हैं।
- हम पाकिस्तान से दोस्ती की कीमत अपनी जमीन देकर नहीं चुकाएंगे।

दुनिया

- हमें आशा है कि दुनिया प्रबुद्ध आत्म-रुचि की भावना में कार्य करेगी।
- हम आशा करते हैं कि दुनिया प्रबुद्ध (परिष्कृत) स्वार्थ की भावना से काम करेगी।
- रोम कहाँ, यूनान कहाँ ? घर-घर में शुभ अग्नि जलाता। वह उन्नत ईरान कहाँ है?
- आज जब कि दुनिया यह स्वीकारती है कि शांति तथा परस्परावलंबिता के लिए अन्तरराष्ट्रीय सहयोग जरूरी है। भारत अपने हितों के संरक्षण तथा अन्तरराष्ट्रीय क्षेत्र में सामाजिक न्याय की स्थापना के उदात्त लक्ष्य को एक साथ साधने वाली नीति का भली-भांति अवलंबन कर सकता है।
- आज भी दुनिया के फैसले शक्ति के आधार पर होते हैं। हम इस स्थिति को बदलना चाहते हैं। यह सच है लेकिन हमें वास्तविकता की धरती पर पैर रख कर चलना पड़ेगा। कल्पना के लोक में विचरण करने से काम नहीं चलेगा।

दिया

- आने वाला कल न भुलाएँ, आओ फिर से दिया जलाएँ।

दहेज

- आवश्यकता इस बात की है कि देश की आर्थिक प्रगति की जाए, शिक्षा का प्रसार किया जाए, जात-पांत के बंधन तोड़े जायें और लड़के-लड़कियां उन्मुक्त भाव से विवाह करें, शादियां परमात्मा के यहां नहीं, आपस में तय हों, तभी दहेज खत्म हो सकता है।

दलदल

- जी नहीं मैं किसी दलदल में नहीं हूं। मैं तो औरों के दलदल में अपना कमल खिलाता हूं।

(रजत शर्मा के शो आपकी अदालत में)

दल

- दलीय पद्धति दल-बदल की अनैतिक प्रवृत्ति के कारण क्षतिग्रस्त हो रही है।

दल-बदल

- अगर किसी को दल बदलना है तो उसे जनता की नजर के सामने दल बदलना चाहिए। उसमें जनता का सामना करने का साहस होना चाहिए। हमारे लोकतंत्र को तभी शक्ति मिलेगी जब हम दल बदलने वालों को जनता का सामना करने का साहस जुटाने की सलाह देंगे।

दिल्ली

- दिल्ली का इतिहास समर्पण का इतिहास है, दिल्ली का इतिहास आक्रमणकारी के स्वागत का इतिहास है।

देश

- इस बात से कोई इनकार नहीं कर सकता कि देश मूल्यों के संकट में फंसा है।
- देश की राजधानी में, संसद के सामने, धूल कब तक उड़ेगी ?
- देश एक मंदिर है, हम पुजारी हैं। हमें अपने आप को राष्ट्र देव की पूजा के लिए समर्पित करना चाहिए।
- सरकारें आएंगी, जाएंगी, पार्टियां बनेंगी, बिगड़ेंगी मगर ये देश रहना चाहिए।
- जो देश में अपने सम्मान, गौरव और गरिमा के साथ और राष्ट्रीय शक्ति, चारित्रिक बल और अनुशासन के साथ जनता के समर्थन से आगे बढ़ता है, वही देश तटस्थ रहता है।आज आवश्यकता इसी बात की है कि यदि हम तटस्थता की नीति अपनाना चाहते हैं और उस पर चलना चाहते हैं तो सच्चे अर्थों में हम उसको अपनायें।
- छोटा-मोटा देश और कमजोर आदमी किनारे पर खड़ा नहीं रह सकता। छोटा-मोटा पौधा एक ही लहर की लपेट में बहकर चला जायेगा। छोटा-मोटा पत्थर का टुकड़ा एक ही प्रवाह की आंधी में नदी की बीच धार में जाकर टूट जायेगा। किनारे पर खड़ा वही रहता है जिसकी जड़ें पाताल से जीवन रस प्राप्त करती हैं।
- देश की रक्षा होनी चाहिए। जिस हथियार से देश की रक्षा हो सकती है उस हथियार को देश को, सरकार को अपनाना होगा।
- देश एक रहेगा तो किसी एक पार्टी की वजह से एक नहीं रहेगा, किसी एक व्यक्ति की

वजह से एक नहीं रहेगा, किसी एक परिवार की वजह से एक नहीं रहेगा। देश एक रहेगा तो देश की जनता की देशभक्ति की वजह से रहेगा।

धर्मनिरपेक्ष

- यदि भारत धर्मनिरपेक्ष नहीं है तो भारत बिल्कुल भारत नहीं है।

धरती

- धरती ही धारण करती है, कोई इस पर भार न बने, मिथ्या अभियान से न तने।

धुंआ

- धुएँ के घनो में कि बलि के क्षणों में, धधकता रहा पूज्य भगवा हमारा।

निरक्षरता

- निरक्षरता और निर्धनता में बहुत गहरा संबंध है।

न्यायपालिका

- न्यायपालिका की निष्पक्षता पर उँगलियाँ उठने लगी हैं।

निडर

- निडर है सभी हम अमर है सभी हम।

निर्दोष

- निर्दोष रक्त से सनी राजगद्दी, श्मशान की धूल से गिरी है, सत्ता की अनियंत्रित भूख।

नदी

- यमुना कहती कृष्ण कहाँ है, सरयू कहती राम कहाँ है।

नर

- नर को नारायण का रूप देने वाले भारत ने दरिद्र और लक्ष्मीवान, दोनों में एक ही परम तत्त्व का दर्शन किया है।

नो

- नो नार्मलाइजेशन विदाउट न्यूक्लोराइजेशन।

नारा

- भारतीयकरण एक नारा नहीं है। यह राष्ट्रीय पुनर्जागरण का मंत्र है। भारत में रहने वाले सभी व्यक्ति भारत के प्रति अनन्य, अविभाज्य, अव्यभिचारी निष्ठा रखें। भारत पहले आना चाहिए, बाकी सब कुछ बाद में।

पंडित जवाहरलाल नेहरू

- भारत की विदेश नीति की चर्चा हो और पंडित नेहरू का नाम न लिया जाए और वह भी प्रशंसा में न लिया जाए, ऐसा कभी हो नहीं सकता, होना ही नहीं चाहिए। मैं जानता हूं, मेरे मित्र स्वामी जी को इससे मतभेद है।

परमात्मा

- परमात्मा भी आकर कहे कि छुआछूत मानो, तो मैं ऐसे परमात्मा को भी मानने को तैयार नहीं लेकिन परमात्मा ऐसा कर ही नहीं सकता।

पुस्तक

- यदि आपको किसी विशेष पुस्तक में कुछ भी पसंद नहीं है, तो बैठकर चर्चा करें। एक पुस्तक पर प्रतिबंध लगाना इसका समाधान नहीं है। हमें वैचारिक रूप से इसे निपटाना होगा।

परिवार

- परिवार कल्याण की सफलता महिलाओं को अपने जीवन के साथ पूर्ण स्वतंत्रता देने पर निर्भर करती है।
- समय की आवश्यकता यह है कि लोगों को अपनी सुविधा के अनुसार अपने परिवारों के लिए योजना बनाये और जरुरी स्वास्थ्य सुविधाएं प्राप्त होनी चाहिए।

पाकिस्तान

- जो लोग हमसे पूछते हैं कि हम पाकिस्तान से बातचीत कब करेंगे, उन्हें शायद इस बात की जानकारी नहीं है कि पिछले सालों में हर बार भारत ने पाकिस्तान से बातचीत की पहल की है।
- मैं पाकिस्तान से दोस्ती करने के खिलाफ नहीं हूं। सारा देश पाकिस्तान से संबंधों को सुधारना चाहता है, लेकिन जब तक कश्मीर पर पाकिस्तान का दावा कायम है, तब

तक शांति नहीं हो सकती।

पृथ्वी

- पृथिवी पर मनुष्य ही ऐसा एक प्राणी है, जो भीड़ में अकेला।
- पृथ्वी की संतान भिक्षु बन परदेसी का दान न लेगी, गोरों की संतति से पूछो क्या हमको पहचान न लेगी?
- पृथ्वी लाखों वर्ष पुरानी, जीवन एक अनन्त कहानी।

पुण्य

- मनुष्य जीवन अनमोल निधि है, पुण्य का प्रसाद है। इसे केवल अपने लिए ही न जीए, दूसरों के लिए भी जिए।

प्रबल

- प्रबल विरोधों के सागर में हम सुदृढ़ चट्टान बनेंगे।

प्यार

- प्यार इतना परायों से मुझको मिला, न अपनों से बाक़ी हैं कोई गिला।

पद

- जब तक पद नहीं मिलता, यात्रा चलती रहेगी।

(पदयात्रा पर मित्र अप्पा घटाटे के सवाल पर हाजिरजवाबी)

पार्टी

- सरदार खुशवंत सिंह जी की मैं बड़ी इज़्ज़त करता हूं। उनका लिखा पढ़ने में बड़ा आनंद आता है। उन्होंने जो मेरी तारीफ़ की है, उसके लिए मैं उन्हें शुक्रिया अदा करता हूं। लेकिन उनकी इस बात से मैं सहमत नहीं हूं कि मैं आदमी तो अच्छा हूं लेकिन ग़लत पार्टी में हूं। अगर मैं सचमुच में अच्छा आदमी हूं तो ग़लत पार्टी में कैसे हो सकता हूं। और अगर ग़लत पार्टी में हूं तो अच्छा आदमी कैसे हो सकता हूं। अगर फल अच्छा है तो पेड़ ख़राब नहीं हो सकता।

पंचशील

- जब हम दुनिया के सामने पंचशील की बात कहते हैं, शांति की तथा अहिंसा की

उद्घोषणाएं करते हैं तो हम क्यों देश में जनता को दबाने के लिए लाठी और गोली का प्रयोग करते हैं।

परमाणु

- एक विरोधी के द्वारा हमारे परमाणु हथियारों को विशुद्ध रूप से परमाणु अभियान के विरुद्ध धमकाने के रूप में बताता हैं।

परंपरा

- ब्रिटेन की परम्परा का पालन करते हुए भारत में भी लोक लेखा समिति के अध्यक्ष का पद प्रतिपक्ष को जाता है। यहां तक कि उपाध्यक्ष का पद भी प्रतिपक्ष को देने की परम्परा का, जैसे-तैसे ही सही पालन किया जा रहा है।

प्रतिपक्ष

- यहां प्रतिपक्ष के प्रति सहिष्णुता दिखाने की भी मानसिकता नहीं है। प्रतिपक्ष को शत्रुपक्ष समझा जाता है। न केवल समझा जाता है बल्कि इस आशय की सार्वजनिक घोषणाएं भी की जाती हैं।

फिर

- फिर अन्तरतम की ज्वाला से, जगती में आग लगा दूं मैं।
- फिर एक बात भारत की किस्मत जागी, जनता जागी, अपमानित अस्मत जागी।

बाल्यावस्था

- मुझे स्वदेश-प्रेम, जीवन-दर्शन, प्रकृति तथा मधुर भाव की कविताएँ बाल्यावस्था से ही आकर्षित करती रही हैं।

बदनामी

- मैं मरने से नहीं डरता हूं, बल्कि बदनामी होने से डरता हूं।

बंधन

- हम सभी एक दूसरे से बंधे हुए हैं। इतिहास ने, भूगोल ने, परंपरा ने, संस्कृति ने, धर्म ने, नदियों ने हमें आपस में बांधा है।

बात

- बात ऐसी नहीं कि कोई ग़म ही नहीं, दर्द अपने-पराए कुछ कम भी नहीं।

बचपन

- बचपन याद बहुत आता है, यौवन रसघट भर लाता है।

बिहारी

- मैं अटल हूं और बिहारी भी हूं।

(सन् 2004 में बिहार की एक जनसभा में)

बाबरी मस्जिद

- इसके लिए सिर्फ नरसिम्हा राव जी को सज़ा दी जाए ये बात मेरी समझ में तो नहीं आती। कारसेवक बेक़ाबू हो गए। ढांचा ढहा दिया गया। इसके लिए केवल नरसिम्हा राव को बलि चढ़ाना मुझे समझ नहीं आता। अगर बलि चढ़ना है तो कई औरों को भी बलि चढ़ना चाहिए।
- ये ठीक है कि जो कुछ हुआ, वो मुझे पसंद नहीं था।

(बाबरी मस्जिद विध्वंस के बाद)

भारत

- भारत के ऋषियों-महर्षियों ने जिस एकात्मक जीवन के ताने-बाने को बुना था, आज वह उपेक्षा तथा उपहास का विषय बनाया जा रहा है।
- भारत, कश्मीर से लेकर कन्याकुमारी तक फैला हुआ एक राष्ट्र है, अनेक राष्ट्रीयताओं का समूह नहीं।
- भारत कोई इतना छोटा देश नहीं है कि कोई उसको जेब में रख ले और वह उसका पिछलग्गू हो जाए। हम अपनी आजादी के लिए लड़े, दुनिया की आजादी के लिए लड़े।
- समता के साथ ममता, अधिकार के साथ आत्मीयता, वैभव के साथ सादगी-नवनिर्माण के प्राचीन आधारस्तम्भ हैं। इन्हीं स्तम्भों पर हमें भावी भारत का भवन खड़ा करना है।
- मैं चाहता हूं कि भारत एक महान राष्ट्र बने। शक्तिशाली बने, संसार के राष्ट्रों में प्रथम पंक्ति में आए।

- इस देश को लेकर मेरी एक दृष्टि है। ऐसा भारत जो भूख, भय, निरक्षरता और अभाव से मुक्त हो।
- भारत एक प्राचीन राष्ट्र है। अगस्त को कोई नया राष्ट्र नहीं पैदा हुआ, इस प्राचीन राष्ट्र को स्वतंत्रता मिली।
- भारत के प्रति निष्ठा रखने वाले सभी भारतीय एक हैं, भले ही उनके धर्म, जाति, क्षेत्र अलग-अलग हों।
- भारत की सुरक्षा की अवधारणा सैनिक शक्ति नहीं है। भारत अनुभव करता है सुरक्षा आन्तरिक शक्ति से आती है।
- भारत संसार का सबसे बड़ा लोकतंत्र है।
- भारत जैसे विशाल और विविधतापूर्ण देश में ब्रिटेन की तरह द्विदलीय पद्धति तो व्यावहारिक नहीं जान पड़ती। किंतु यह जरूरी है कि जो भी दल हों वे नीतियों और कार्यक्रमों पर आधारित हों, लोकतांत्रिक तरीकों से चलें, उनमें नियमित रूप से सदस्यता हो, अनिवार्यतः संगठनात्मक चुनाव हों और वे अपने सुनिश्चित घोषणा पत्र के आधार पर मतदाताओं के समक्ष जाकर उनका समर्थन प्राप्त करें।

भारतीयकरण

- भारतीयकरण अति-आधुनिकीकरण का विरोधी नहीं है और न ही भारतीयकरण एक घिसी-पिटी अवधारणा है।

भय

- भयातांकित भीड़, जन अधिकार वंचित।

भाईचारा

- कोई हथियार नहीं बल्कि आपसी भाईचारा ही सभी समस्याओं का समाधान कर सकता है।

भेद

- आज मानव और मानव के बीच जो भेद की दीवार खड़ी है उसे हटाना होगा। इसके लिए राष्ट्रीय अभियान की आवश्यकता है।

भगवान

- भगवान जो भी करता है, अच्छे के लिए करता है।

- भगवान केवल एक है लेकिन इसे प्राप्त करने के कई तरीके हैं।

भ्रष्टाचार

- यदि भ्रष्टाचार का अर्थ यह है कि छोटी-छोटी मछलियों को फांसा जाए और बड़े-बड़े मगरमच्छ जाल में से निकल जाएं, तो जनता का विश्वास नहीं जगाया जा सकता है। अगर हम देश में राजनीतिक और सामाजिक अनुशासन बनाना चाहते हैं तो भ्रष्टाचार को खत्म करना जरूरी है।

भाषा

- भारत की सभी भाषाएं हमारी भाषाएं हैं, हमारी अपनी हैं, हमारी आत्मा का प्रतिबिंब हैं, हमारी आत्म-अभिव्यक्ति की साधन हैं, इनमें कोई छोटा या बड़ा नहीं है।

भाषण

- मेरे भाषणों में मेरा लेखक ही बोलता है, पर ऐसा नहीं कि राजनेता मौन रहता है। मेरे लेखक और राजनेता का परस्पर समन्वय ही मेरे भाषणों में उतरता है। यह जरूर है कि राजनेता ने लेखक से बहुत कुछ पाया है। साहित्यकार को अपने प्रति सच्चा होना चाहिए। उसे समाज के लिए अपने दायित्व का सही अर्थों में निर्वाह करना चाहिए। उसके तर्क प्रामाणिक हो। उसकी दृष्टि रचनात्मक होनी चाहिए। वह समसामयिकता को साथ लेकर चले, पर आने वाले कल की चिंता जरूर करे।

मन

- छोटे मन से कोई बड़ा नहीं हो सकता, टूटे मन से कोई खड़ा नहीं हो सकता।
- मन हारकर कभी मैदान नहीं जीते जाते। न मैदान जीतने से मन जीते जाते हैं।
- आदमी की पहचान उसके धन या पद से नहीं होती, उसके मन से होती है। मन की फकीरी पर तो कुबेर की संपदा भी रोती है।
- छोटे मन से कोई बड़ा नहीं होता, टूटे मन से कोई खड़ा नहीं होता।

मनुष्य

- मनुष्य को चाहिए कि वह परिस्थितियों से लड़ें, एक स्वप्न टूटे तो दूसरा गढ़े।
- मनुष्य जीवन अनमोल निधि है पुण्य का प्रसाद है। इसे केवल अपने लिए ही ना जीए, दूसरों के लिए भी जिए।
- पृथ्वी पर मनुष्य ही एक ऐसा प्राणी है, जो भीड़ में अकेला और अकेले में भीड़ के

होने का अनुभव करता है।

मानवता

- आज सभी बड़ी शक्तियां और इनमें वे राष्ट्र भी शामिल हैं जो सैनिक गठ बंधनों के अंग हैं, इस बात को स्वीकार करते हैं कि मानवता के सम्मुख सह-अस्तित्व को स्वीकार करने के अलावा कोई चारा नहीं है।

माउस

- कहने की बात है कि हमारे बुजुर्ग सपनों में खेलते थे और आज हम 'माउस' से खेलते हैं।

मातृभाषा

- ऊँची से ऊँची शिक्षा क्यों न हो, इसका आधार हमारी मातृभाषा होनी चाहिए।

माँ का आशीर्वाद

- मेरे पास ना परदादा, दादा की दौलत है और ना बाप की। मेरे पास सिर्फ मेरी माँ का आशीर्वाद है।

मूर्ति

- अब समझ आया कि ईश्वर की मूर्ति पत्थर की क्यों होती है। ताकि वह भक्तों के प्यार के बोझ को सहन कर सके।

(70 के दशक में पुणे की जन सभा में)

मजहब

- मजहब बदलने से न राष्ट्रीयता बदलती है और न संस्कृति में परिवर्तन होता।

युवा

- भारत में बहादुर युवा पुरुषों और महिलाओं की कोई कमी नहीं है और यदि उन्हें मौका मिलता है और मदद मिलती है तो हम अंतरिक्ष की खोज में अन्य देशों के साथ प्रतिस्पर्धा कर सकते हैं और इन्ही में से कोई भारत के सपनो को पूरा करेगा।
- इस देश में मेहनती युवाओं की कमी नहीं है लेकिन उनमें से कोई भी कार बनाने का कारखाना नहीं खोल सकता क्योंकि किसी को भी प्रधानमंत्री के घर में जन्म लेने का

सौभाग्य प्राप्त नहीं है।

याद

- याद करें काला पानी को, अंग्रेजों की मनमानी को।

यह

- यह परम्परा का प्रवाह है, कभी न खण्डित होगा।

युद्ध विराम

- हम युद्धविराम नहीं चाहते हैं। हम हमेशा के लिए अपने प्रति शत्रुता को समाप्त करना चाहते हैं, इसके लिए ज़रूरी है कि पश्चिमी सेक्टर में लड़ाई जारी रखी जाए।

(सन् 1971 में भारत पाकिस्तान युद्ध के समय)

योजना आयोग

- योजना आयोग में मन्त्रियों की संख्या कम होनी चाहिए। यदि गांधीवादी ऊंचाइयों से उतार कर यथार्थवाद की धरती पर लाने में सफलता मिलेगी।

राष्ट्र

- राष्ट्र कुछ संप्रदायों तथा जनसमूहों का समुच्चय मात्र नहीं, अपितु एक जीवमान इकाई है।
- राष्ट्र की सच्ची एकता तब पैदा होगी, जब भारतीय भाषाएं अपना स्थान ग्रहण करेंगी।
- आज हम राष्ट्र के निर्माण में लगे हैं। किसी गुट के साथ अपने को जोड़कर किसी को नाराज करने की स्थिति में इस समय हम नहीं हैं।

राष्ट्रहित

- मेरा कहना है कि सबके साथ दोस्ती करें लेकिन राष्ट्र की शक्ति पर विश्वास रखें। राष्ट्र का हित इसी में है कि हम आर्थिक दृष्टि से सबल हों, सैन्य दृष्टि से स्वावलम्बी हों।

राष्ट्रीयता

- आज मानव और मानव के बीच में जो भेद की दीवार खड़ी है उसे हटाना होगा। इसके लिए राष्ट्रीय अभियान को आवश्यकता हैं।
- अपना देश एक मन्दिर है, हम पुजारी हैं, राष्ट्रदेव की पूजा में हमने अपने आपको को

समर्पित कर देना चाहिए।

राजनीति

- सिर्फ राजनीति ही ऐसी जगह है, जहां किसी भी तरह की तैयारी की जरूरत नहीं होती।
- राजनीति इतनी दुखद है कि अगर मैं बलवान नहीं होता, तो आत्महत्या कर चुका होता।
- वस्तुतः 1990-91 का काल खंड भारतीय राजनीति के इतिहास में राजनीतिक अस्थिरता के काल खंड के रूप में याद किया जायेगा।
- राजनीति का अपराधीकरण हो रहा है।
- राजनीति सत्ता का खेल मात्र बन कर रह गई है। येन-केन-प्रकारेण सत्ता हथियाना और हथियाने के बाद जैसे भी हो उसे बनाये रखना, यही राजनीति का चरम लक्ष्य यह गया है।
- कभी-कभी राजनीति में चुप रहना भी आवश्यक होता है और अपने देश के हितों के संवर्द्धन की दृष्टि से ही हमें अपना मुंह खोलना चाहिए।

राजनीतिज्ञ

- हमारे शक्तिशाली राजनीतिज्ञों को कॉमेडियन की तरह दिखाया जाता है, तो लोगों को मजा आता है।

रक्त

- रक्त के आँसू बहाने को विवश गणतंत्र।
- हमारे खून के रंग में मर्दानगी, पराक्रम, वीरता पाई जाती है। यह हमारी महान परंपरा का हिस्सा है। यह हमारे जीवन में संस्कारों द्वारा ढाला जाता है।

रामचरितमानस

- रामचरितमानस मेरी प्रेरणा का स्रोत रही है। गोस्वामी तुलसीदास ने जीवन की जिस समग्रता का वर्णन किया है, वह विश्व साहित्य में नहीं हुआ है।

रथ यात्रा

- श्री आडवाणी की रथ यात्रा संयुक्त सरकार को गिराने के लिए नहीं थी। उसका उद्देश्य अयोध्या में श्री राम मंदिर के पुनर्निर्माण के पक्ष में व्यापक राष्ट्रीय जन समर्थन जुटाना था। इस उद्देश्य में उसे सफलता भी मिली।

लक्ष्य

- कंधों से कंधा लगाकर, कदम से कदम मिलाकर हमें अपनी जीवन यात्रा को लक्ष्य प्राप्ति के शिखर तक ले जाना है।
- लक्ष्य के लिए की गई कड़ी मेहनत कभी भी आप पर थकान नहीं लाती, वो आपके लिए संतोष ही लाती है।

लाठी

- वास्तव में हमारे देश की लाठी कमजोर नहीं है। बल्कि वह जिन हाथों में है, वे कांप रहे हैं।

लोकतंत्र

- लोकतंत्र बड़ा नाजुक पौधा है। लोकतंत्र को धीरे- धीरे विकसित करना होगा। केंद्र को सबको साथ लेकर चलने की भावना से आगे बढ़ना होगा।
- लोकतंत्र ऐसी जगह है, जहां दो मूर्ख मिलकर एक शक्तिशाली इंसान को हरा देते हैं।
- लोकतंत्र वह व्यवस्था है, जिसमें बिना क्रोध किए विरोध किया जा सकता है और हिंसा का सहारा लिए बिना शासन बदला जा सकता है।
- हमारा लोकतंत्र संसार का सबसे बड़ा लोकतंत्र है। लोकतंत्र की परंपरा हमारे यहां बड़ी प्राचीन है। चालीस साल से ऊपर का मेरा संसद का अनुभव कभी-कभी मुझे बहुत पीड़ित कर देता है। हम किधर जा रहे हैं?
- भारतीय लोकतंत्र ऊपर से जितना जीवन्त दिखाई देता है भीतर से भी वह उतना ही सबल और शक्तिशाली है ? क्या लोकतंत्र की सभी संस्थाएं अपने दायित्व का भलीभांति पालन कर रही हैं? क्या देश में लोकतांत्रिक जीवन मूल्यों की रक्षा हो रही है? क्या लोकतंत्र की जड़ें गहरी जम गयी हैं ?
- लोकतंत्र का बाहरी ढांचा बरकरार है किन्तु उसे भीतर ही भीतर घुन खाये जा रहा है।
- बढ़ती हुई असहिष्णुता लोकतांत्रिक व्यवस्था के लिए गंभीर खतरा है।
- लोकतंत्र की सफलता के लिये दलीय पद्धति का सुदृढ़ होना बहुत आवश्यक है।
- लोकतन्त्र में मतभेद स्वाभाविक है, कुछ मात्रा में आवश्यक है। उसकी सार्थकता कहां तक ठीक है, यह विचारणीय प्रश्न है।

लूट

- लुटी देवियाँ लुट गए सब नगर घर।

लोकसभा

- तीसरी लोकसभा के चुनाव में मेरी हार सर्वथा अप्रत्याशित थी। मैंने अपने चुनाव क्षेत्र की 5 साल तक अच्छी देखभाल की थी।

वैश्विक

- आज परस्पर वैश्विक निर्भरता का मतलब है कि विकासशील देशों में आर्थिक आपदायें, विकसित देशों पर एक प्रतिक्षेप पैदा कर सकता है।

विदेश नीति

- भारत गुटों से अलग होकर चले, स्वतंत्र विदेश नीति का निर्धारण करे। हर प्रश्न की कसौटी राष्ट्र का हित होना चाहिए।
- सच्चाई तो यह है कि कोई प्रतिपक्ष में हो या सत्ता में हो, विदेश नीति का प्रश्न हमें सहज ही राष्ट्रीय हितों के संरक्षण और संवर्धन से जोड़ देता है और ये हित घरेलू राजनीति के प्रतिघातों, उतार चढ़ावों तथा संसदीय विवादों के आक्रमण-प्रत्याक्रमणों से ही विदेश नीति को एक ऐसी निरन्तरता प्रदान करते हैं, जो जड़ नहीं, गतिमान होती है, जो परिस्थिति निरपेक्ष नहीं समय सापेक्ष होती है।
- मैं विदेश नीति पर पहली बार बोल रहा हूं। मैं भारत माता के उन करोड़ों पुत्रों और पुत्रियों को शुभकामना का सन्देश भेजता हूं जो विश्व के विभिन्न भागों में वहां की सरकारों के अधीन या व्यक्तिगत नागरिक के रूप में काम कर रहे हैं या रह रहे हैं। इनमें प्रत्येक अपने-अपने ढंग से भारत का दूत है और हमारी प्राचीन संस्कृति और सभ्यता का प्रतीक है। उन्होंने भले ही वहां जाकर रहने या रोजी कमाने का स्थान चुना हो, उन्हें हम कभी भी पराया नहीं समझेंगे और न मातृभूमि की संस्कृति और धर्म के प्रति उनकी निष्ठा को स्वीकार करने में कभी संकोच करेंगे।

वह

- वह कपूत है जिसके रहते माँ की दीन दशा हो।

विरोधी

- विरोधों के सागर में चट्टान है हम।

विचारधारा

- सदा से ही हमारी धार्मिक और दार्शनिक विचारधारा का केन्द्र बिंदु व्यक्ति रहा है।

हमारे धर्मग्रंथों और महाकाव्यों में सदैव यह संदेश निहित रहा है कि समस्त ब्रह्मॉंड और सृष्टि का मूल व्यक्ति और उसका संपूर्ण विकास है।

- आज सभी विचारधाराएं घरेलू रंग में रंग रही हैं और हर देश के विकास की व्यूहरचना का अपना अलग रूप है। गुट निरपेक्षता लचीलापन प्रदान करती है।

वार्ता

- लोग हमें यह पूछते हैं कि हम कब पाकिस्तान के साथ वार्ता करेंगे, वे शायद इस तथ्य से वाकिफ नहीं हैं कि पिछले वर्षों में पाकिस्तान के साथ बातचीत के लिए हर बार पहल भारत ने ही किया है।

शिक्षा

- शिक्षा के द्वारा व्यक्ति के व्यक्तित्व का विकास होता है, व्यक्तित्व के उत्तम विकास के लिए शिक्षा का स्वरूप आदर्शों से युक्त होना चाहिए।
- हमारी माटी में आदर्शों की कमी नहीं है। शिक्षा द्वारा ही हम नवयुवकों में राष्ट्र प्रेम की भावना जाग्रत कर सकते हैं।
- शिक्षा का माध्यम मातृ भाषा होनी चाहिए।
- ऊँची से ऊँची शिक्षा मातृ भाषा के माध्यम से दी जानी चाहिए।
- हमारी माटी में आदर्शों की कमी नहीं है। शिक्षा द्वारा ही हम नवयुवकों में राष्ट्रप्रेम की भावना जागृत कर सकते हैं।
- शिक्षा आज एक व्यवसाय बन गया है। ऐसी स्थिति में जीवन की गुणवत्ता कहां होगी ? उपनिषदों या अन्य प्राचीन ग्रंथों पर हमारा ध्यान नहीं गया है। आज स्कूलों में छात्र थोक में आते हैं।
- अशिक्षा और गरीबी का आपस में गहरा संबंध है।
- शिक्षा का माध्यम मातृभाषा होना चाहिए। मातृभाषा के माध्यम से उच्च शिक्षा प्रदान की जानी चाहिए।
- शिक्षा मोटे तौर पर रोजगार या व्यवसाय से संबंधित होनी चाहिए. उसे राष्ट्रीय चरित्र के निर्माण और व्यक्ति को खुश करने में सहायक होना चाहिए।
- शिक्षा से व्यक्ति के व्यक्तित्व का विकास होता है। व्यक्तित्व के बेहतर विकास के लिए शिक्षा का स्वरूप आदर्शों से परिपूर्ण होना चाहिए। हमारी मिट्टी में आदर्शों की कमी नहीं है। शिक्षा के माध्यम से ही हम युवाओं में देशभक्ति की भावना पैदा कर सकते हैं।

शिक्षक

- मैं शिक्षकों का सम्मान करने में गर्व महसूस करता हूं। शिक्षकों को सरकार द्वारा प्रोत्साहित किया जाना चाहिए। प्राचीन काल में, शिक्षक का बहुत सम्मान किया जाता था। आज शिक्षक कुचला जा रहा है।

शामत

- कद छोटा, खोटा स्वभाव है, देख अजनबी बड़ा ताव है, भागे तो बस शामत आई, मुंह से झटपट पैण्ट दबाई।

शरणागत

- शरणागत की रक्षा की है, मैंने अपना जीवन देकर।

शंकर

- शंकर का मठ, कल्हण का काव्य जगाता, जम्मू का कण-कण त्राहि-त्राहि चिल्लाता।

शहीद

- शहीदों का रक्त अभी गीला है और चिता की राख में चिंगारियां बाकी हैं। उजड़े हुए सुहाग और जंजीरों में जकड़ी हुई जवानियां उन सर्वोत्तम कार्यों की गवाह हैं।

शीर्षासन

- मैं जानता हूं कि पंडित जी रोज़ शीर्षासन करते हैं। वह शीर्षासन करें, मुझे कोई आपत्ति नहीं है। लेकिन मेरी पार्टी की तस्वीर उल्टी न देखें।

(इस बात पर नेहरू भी ठहाका मारकर हंस पड़े।)

शांति

- हम शान्ति चाहते हैं, मगर शान्ति के लिए ऐसी कीमत नहीं देनी चाहिये जो भविष्य में अशांति उत्पन्न करने का कारण बन जाये।

सूर्य

- सूर्य एक सत्य है जिसे झुठलाया नहीं जा सकता। लेकिन ओस की बूंद भी तो एक सच्चाई है, यह बात अलग है कि यह क्षणिक है।

संस्कार

- पौरुष, पराक्रम, वीरता हमारे रक्त में है। यह हमारी महान परंपरा का अभिन्न अंग है। यह संस्कारों द्वारा हमारे जीवन में ढाली गई है।

संस्कृति

- भारतीय संस्कृति कभी भी किसी एक उपासना पद्धति से बंधी नहीं रही है और इसका आधार क्षेत्रीय भी नहीं है।
- पूजा की आजादी, आस्था और विश्वास की स्वतंत्रता भारतीय संस्कृति की परंपरा रही है।

समय

- जो राजनीति में रुचि लेता है, वह साहित्य के लिए समय नहीं निकाल पाता और साहित्यकार राजनीति के लिए समय नहीं दे पाता, लेकिन कुछ ऐसे लोग हैं, जो दोनों के लिए समय देते हैं। वे अभिनंदनीय हैं।

साहित्य

- साहित्य और राजनीति के कोई अलग-अलग खाने नहीं होते।

साहित्यकार

- साहित्यकार का हृदय दया, क्षमा, करुणा और प्रेम से भर जाता है, इसलिए वह खून की होली नहीं खेल सकता।

सहकारिता

- पारस्परिक सहकारिता और त्याग की प्रवृत्ति को बल देकर ही मानव-समाज प्रगति और समृद्धि का पूरा-पूरा लाभ उठा सकता है।

सत्य

- सत्य सबसे शक्तिशाली हथियार है, हर कोई जानता है सरकारी जगहों पर हथियार लेकर नहीं जा सकते।
- सच्चाई यह है कि संयुक्त राष्ट्र संघ जैसे अंतरराष्ट्रीय संगठन उतने ही प्रभावी हो सकते हैं जितना उनके सदस्य उन्हें होने की अनुमति दे सकें।

संपत्ति

- राज्य को, व्यक्तिगत सम्पत्ति को जब चाहे तब जप्त कर लेने का अधिकार देना एक खतरनाक चीज होगी।

सपना

- मैं ऐसे भारत का सपना देखता हूं जो समृद्ध और मजबूत हो। ऐसा भारत जो दुनिया के महान देशों की पंक्ति में खड़ा हो।

सागर

- सागर को किसने बाँधा है ? तूफानों को किसने रोका।

स्वतंत्रता

- सामाजिक न्याय के बिना स्वतंत्रता अपूर्ण है।
- एक नहीं दो नहीं करो बीसों समझौते, पर स्वतन्त्र भारत का मस्तक नहीं झुकेगा।
- हमें अपनी स्वतंत्रता को अमर बनाना होगा, राष्ट्रीय अखंडता को अक्षुण्ण रखना होगा और दुनिया में स्वाभिमान और सम्मान के साथ रहना होगा।

सोवियत संघ

- जो भी देश हमारे संकट के दौरान हमारे साथ खड़ा है, हमारा दोस्त है। हम अपनी वैचारिक लड़ाई बाद में लड़ सकते हैं।
- **(सन् 1971 में भारत पाकिस्तान युद्ध के समय)**

सैन्य बल

- देश ने कई शताब्दियों में इस तरह की जीत हासिल नहीं की है। इस जीत के असली ज़िम्मेदार भारतीय सैन्य बल हैं।

  (सन् 1971 में भारत पाकिस्तान युद्ध की समाप्ति के समय लोकसभा में)

संयुक्त राष्ट्र संघ

- वास्तविकता यह है कि संयुक्त राष्ट्र जैसे अंतरराष्ट्रीय संगठन केवल उतने ही प्रभावी हो सकते हैं जितना कि इसके सदस्य अनुमति देते हैं।
- शीत युद्ध के बाद अब एक गलत धारणा बन गई है कि संयुक्त राष्ट्र किसी भी समस्या

को कहीं भी हल कर सकता है।

- संयुक्त राष्ट्र की अद्वितीय वैधता इस सार्वभौमिक विश्वास में निहित है कि यह किसी विशेष देश या देशों के समूह के हितों की तुलना में एक बड़े उद्देश्य की पूर्ति करता है।

संविधान

- भारत के लोगों ने जिस संविधान को आत्मसमर्पण कर दिया है, उसे विकृत करने का अधिकार किसी को नहीं दिया जा सकता।
- संविधान की धारा 370 खत्म होनी चाहिए। वह एक अस्थायी प्रावधान है।

संयुक्त परिवार

- संयुक्त परिवार सामाजिक सुरक्षा की एक सुंदर व्यवस्था थी, जो मार्क्स से भी आगे निकल गई।

संसद

- संसद में वाद-विवाद कम, शोर-शराबा ज्यादा होता है।

सांप्रदायिकता

- साम्प्रदायिकता खुलकर खेल रही है।

सत्ता का लोभ

- सत्ता के लोभ से प्रेरित होकर राजनीतिक दल विघटन को बढ़ावा देने में भी संकोच नहीं करते, यहां तक कि राष्ट्र विरोधी तत्त्वों से भी सांठ-गांठ करने से बाज नहीं आते।

सूत्र

- इतिहास, भूगोल, परंपरा, संस्कृति, धर्म, नदियों ने हमें एक सूत्र में बांध रखा है।

स्कूल

- स्कूल चले हम।

हिंदू

- मैं हिन्दू परम्परा में गर्व महसूस करता हूं, लेकिन मुझे हमारी भारतीय परंपरा में ओर ज्यादा गर्व महसूस होता है।

हिंदू धर्म

- हिंदू धर्म तथा संस्कृति की एक बड़ी विशेषता समयश्रकए साथ बदलने की उसकी क्षमता रही है।
- हिन्दू धर्म एक ऐसा जीवन्त धर्म है। जो धार्मिक अनुभवों की वृद्धि और उसके आचरण की चेतना के साथ निरंतर विकास करता रहता है।
- हिंदू धर्म के प्रति मेरे आकर्षण का मुख्य कारण यह है कि यह मानवता का सबसे अच्छा धर्म है।
- हिंदू धर्म के अनुसार, जीवन की न तो शुरुआत होती है और न ही अंत यह एक अनंत चक्र है।

हिंदुत्व

- मुझे अपने हिंदुत्व पर अभिमान है, लेकिन इसका अर्थ यह नहीं है कि मैं मुस्लिम विरोधी हूं।

हाथ

- हमारे पड़ोसी कहते हैं कि एक हाथ से ताली नहीं बजती, हमने कहा कि चुटकी तो बज सकती है।
- एक हाथ में सृजन दूसरे में हम प्रलय लिए चलते हैं, सभी कीर्ति ज्वाला में जलते, हम अंधियारे में जलते हैं।

हथियार

- हमारे परमाणु हथियार, केवल दूसरों के परमाणु हमलो से निपटने के लिए हैं।
- हमारे परमाणु हथियार हमले का जवाब देने के लिए हैं, किसी पर हमले के लिए नहीं।
- कोई हथियार नहीं, केवल आपसी भाईचारा ही हर समस्या का समाधान कर सकता है।
- हम हथियार खरीदने पर पैसा खर्च करना नहीं चाहते, हम शांति की बात करते हैं।

हाशिया

- कभी-कभी करेक्शन करने के लिए मार्जिन का इस्तेमाल करना पड़ता है।

हरिजन

- हरिजनों के कल्याण के साथ गिरिजनों तत्गा अन्य कबीलों की दशा सुधरने का प्रश्न

भी जुड़ा हुआ है।

हिंदी

- हिन्दी को अपनाने का फैसला केवल हिन्दी वालों ने ही नहीं किया। हिन्दी की आवाज पहले अहिन्दी प्रान्तों से उठी। स्वामी दयानन्दजी, महात्मा गांधी या बंगाल के नेता हिन्दीभाषी नहीं थे। हिन्दी हमारी आजादी के आनंदोलन का एक कार्यक्रम बनी।

ज्ञान

- ज्ञान-केतु लेकर निकला है विजयी शंकर। अब न चलेगा ढोंग, दम्भ, मिथ्या आडम्बर।

क्षत्रिय

- अलक्षेन्द्र को धूलि चटाने वाले पौरुष फिर से जागो, क्षत्रियत्व विक्रम के जागो, चणकपुत्र के निश्चय जागो।

PERSONALITY PROFILE

PROF. DR. PUSHPITA AWASTHI

Pushpita has travelled widely in the Caribbean and other countries world-wide in fact other than China and Pakistan. She has visited the rest of the world. Her writings deal mainly with the Indian diaspora who immigrated to foreign lands in the form of bonded labourers at the behest of their foreign rulers. Through the form of poetry and prose in English, Hindi and Urdu she has painted a portrait of their lives and aspirations. She has received praise and accolades in the literary world.

Her poetry collections are also published in English, Russian and Dutch languages: In Woordenbestaat Ze, Amsterdam, India institute; Hetbeeld in de rots (Dutch), The Statue in the rock, The Netherlands, 2010, Devvriksh (Hindi & English), Remadhav Art India, Echoes in the Earth, Willowdown Books UK, Pushpita's works swirl with energy: darting and surprising, leaping and resting, comforting and challenging, flow with the ease of the Ganges, intrinsic to the soul of humanity of the planet and of the universe. Apart from four collections of short stories she has also published a novel in Hindi called Chhinnamool.

This is the first ever novel written in Hindi on the life of people of Surinami Hindustani. This novel has subsequently been translated in Urdu and in English language

Professor Pushpita Awasthi was born on 14th January in Kanpur, India. She studied at the renowned Banaras (Kashi) Hindu University, Varanasi, India, and later for 20 years headed the Department of Hindi at J. Krishnamurti Vasanta College for Women, a constituent college of Banaras Hindu University till 2001. In 2001 she moved to Suriname (South America) as **First Secretary and Professor of Hindi at the Indian Cultural Centre of the Indian Embassy at Paramaribo.**

She organized the seventh World Hindi Conference in 2003 at Paramaribo. Ph.D in Hindi literature, Dr Pushpita Awasthi was awarded **Padmabhushan Moturi Satyanarayan Award** for the promotion of Hindi in foreign countries by the **President of India, Mr. Pranab Mukherjee on 30 May 2017.** Prof. Pushpita has about seventy eight (78) books to her credit which include collection of poems. Her poems are also included in an international magazine **Poetic Bond V & VI (2015-2016)** published from **Willowdown Books, U.K.** In her poems the everyday, contemporary experience echoes the mystic poetry of **Kabir and the love poetry** of **Sanskrit poet Jaidev.** Nature and love are the twin themes of her extraordinary poetic expression. She has also published the first ever novel written in Hindi on the life and culture of people of Surinam called Chhinnamool, which has recently been translated in Englished by the name Separated Emotions,. Prof. Pushpita Awasthi was awarded the **Rabindranath Tagore Award** for poetry **Constituted by Kolkata University at the 2018 convocation** by the **Chief Minister of Bengal Mamta Banerjee.** She also received the **2018 Kusumanjali Foundation award for the best Fiction Chinmool** by the **Internationally famed correspondent Mark Tully. Outllook** Magazine brought out a special review and research edition containing research work by twenty-six reviewers and intellectuals. Also, six Universities have research scholars working on the Novel Chinamool or Separated Emotions.

At the root of creativity lies the soil in which you are brought up and nurtured. Being educated, and later on serving as a teacher, in the educational institute of a world-renowned **thinker J. Krishnamurti in Varanasi, Shri Aurobindo and Swami Vivekanand nourished Pushpita's sensitivity** for nature and all living beings. The neighboring institutes of Vinoba **and Gandhi enriched her with the wisdom of Sarvodaya thinking.** She also witnessed the presence of great pioneer of Land-gift movement (Bhoodan) Sant Vinoba Bhave. She also got the opportunity to have dialogues with **Jayprakash Narain,** the great social reformer who initiated the movement called **"Sampoorna Kranti"** (Total Revolution) and with great Gandhian thinker Narayan Desai. Early exposure to all these streams of thoughts contributed in building a strong foundation for the creative world of Pushpita which was enriched with humanitarian philosophy of J. Krishnamurti and non-violent philosophy of Gandhi and Vinoba.

Pushpita also came in ideological contact with great Gandhian thinkers Prof. S.N. Subbarao, Dr. Ramji Babu, Gautam Bajaj, Ramchandra Rahi and Sadhak ji. She had dialogues with well-known Hindi authors and critics like Amrit Rai, Prof. Shiva Prasad Singh, Smt. Mannu Bhandari, Amrita Pritam, Nasira Sharma, Prof. Namvar Singh, Prof. Chandrabali Singh and Shrilal Shukla. She also got inspired by Buddhist scholars like Prof. Krishnanath and Prof. Samdhong Rinpoche.

Established as a renowned poetess in both Hindi and English, Pushpita has expanded her writings to include fiction writing in the form of short stories in both languages as well as the present volume a novel about the lives of Indian bonded labourers and their descendants.

Prof. Pushpita's current positions:

- President, **Hindi Universe Foundation, Netherlands**
- International Coordinator of Atal Foundation.

- Global Ambassador of Harijan Sevak Sangh
- National President of Acharyakul, Wardha, India
- International Convener, **Rashtrabhasha Prachar Samiti,** Wardha, Ministry of Human Resource Development, India
- International Convener, **Rashtrabhasha Prachar Samiti,** Wardha, Ministry of Human Resource Development, India
- Global Ambassador for **World Peace, MIT World Peace University,** Pune, India.
- **UNESCO** Chain for Human Rights, Democracy, Peace & Tolerance, Alandi, Pune, India
- President, **Guardian of Earth & Global Culture International Foundation,** Netherlands & India
- President, **International Non-violence & Peace Academy,** Netherlands & India
- Chairman, **Vinoba Seva Sansthan,** Gwalior, India
- General Secretary, **International Indian Cultural Council, Mauritius**
- Senior Fellowship, **Indian Council for Cultural Relations (ICCR),** Ministry of Foreign Affairs, Indian Government
- International Coordinator, Rural Business Hub, **RIIIGSC Pvt. Ltd.** India
- Patron and Editor, **Amstel Ganga** magazine, Netherlands
- Research-work: Research on the writings of Dr. Pushpita Awasthi going on in **67 universities** of India and abroad.

Other Work by the Author:

Monograph

- **Suriname**, Radhakrishna Prakashan, Delhi, 2003, ISBN 8171198736

- **Suriname**, National Book Trust, Delhi, 2009, ISBN 978-8123759821
- **Netherlands-Diary**, Kitabghar Prakashan, 2018, ISBN 978-8193372890

Edited Books

- **Kavita Suriname**, Rajkamal Prakashan, Delhi, India, 2003, ISBN 817119835X
- **Katha Suriname**, Rajkamal Prakashan, Delhi, India, 2003, ISBN 8171198368
- **Dosti ki Chah**, Poems of Jeet Narain, Rajkamal Prakashan, Delhi, India, 2004, ISBN 8136708271
- **Devanagari Script for Beginners**, Suriname, 2003, ISBN 999147031X
- **Suriname ka Srijanatmak Sahitya**, Sahitya Akademi, Delhi, India, 2012, ISBN 978-8126030958

Poems in English and Dutch

- **In Woordenbestaat Ze**, Amsterdam, India Institute, 2008, ISBN 9789080143746
- **Hetbeeld in de rots** (poems translated in Dutch) Amrit Consultancy, Netherlands, 2010, ISBN 978907489570
- **The Statue in the rock** (Poems translated in English) Amrit Consultancy, The Netherlands, 2010, ISBN 97890721073
- **Devvriksh** (Poems in Hindi and English) Remadhav Art Pvt. Ltd, Ghaziabad, India 2009 ISBN 9788190721073 (muliti Language)
- **Echoes in the Earth**, Willowdown Books U.K. 2016

Publications In International Books

- **Poetic Bond V**, Willowdown Books, U.K. 2016
- **Poetic Bond VI**, Willowdown Books, U.K. 2016

English Novel

- **Separated Emotions,** Diamond Pocket Books, New Delhi

Miscellaneous

- **Hindi Teaching in Caribbean countries**, Radhakrishna Prakashan, Delhi, India, 2004, ISBN 8126707984
- **Suriname Hindi Parishad Ka Itihas**, Rajkamal Prakashan, Delhi, India, 2004, ISBN 8126707984
- **Netherland Banaam Holland**: Jeevan Sanskriti, Adharshila Prakashan, Nainital, India, 2014, ISBN 9789381913192
- **Samundar Paar Mein Bhartiya Man**, Vikas Prakashan, Kanpur, India, 2020, ISBN 9788194328575

Children's Book

- **Kanch Ka Baksa**, Nationa Book Trust, Delhi, India, 2011, ISBN 9788123762272

Criticism

- **Aadhunik Hindi Kavyalochana Ke Sau Varsh**, Radhakrishna Prakashan, Delhi, 2006, ISBN 8183610951
- **Bharatvanshi: Bhasha Evam Sanskriti**, Kitabghar Prakashan, Delhi, 2015, ISBN 9789385054259

Collection of Short Stories

- **Gokharoo**, Radhakrishna Prakashan, Delhi, 2002, ISBN 817119768X
- **Janm**, Radhakrishna Prakashan, Ghaziabad, India, 2011, ISBN 9788181664129
- **Kantaki Bagaan**, Antika Prakashan, Ghaziabad, India, 2019, ISBN 9789388799157
- **Keti-Koti**, Antika Prakashan, Ghaziabad, India, 2020, ISBN 9789388799355
- **Mutthi Bhar Sukh**, Sasta Sahitya Mandal Prakashan, ISBN 9789388359764

Novel

- **Chhinnamool**, Antika Prakashan, Ghaziabad, India 2016 (The first ever novel written in Hindi on the life of people in Surinam) ISBN 9789385013461. This is also published in Urdu and in English language as Separated Emotions by Diamond Pocket Books

Interview

- **Sanskritik Alok Se Samvad**, Bhartiya Jnanpeeth, India 2006, ISBN 81262311908

Poetry

- **Shabd Bankar Rahti Hain Rityuen**, Kathyroop Prakashan, Patrika, Allahabad, India, 1997
- **Akshat**, Radhakrishna Prakashan, Delhi, India 2002, ISBN 8171197426
- **Ishwarashish**, Radhakrishna Prakashan, Delhi, India 2005, ISBN 8171193994
- **Hridaya Ki Hatheli**, Radhakrishna Prakashan, Delhi, India 2007, ISBN 9788183611787
- **Ras Gagan Gupha Me Ajhar Jharai**, Granth Academy, Delhi, India 2007, ISBN 7188267146
- **Antardhwani**, Medha Books, Delhi, India 2009, ISBN 9788181663030
    - India, 2009, ISBN 9788190721073
- **Tum Ho Mujhme**, Rajkamal Prakashan, Delhi, India, 2013, ISBN 978883616058
- **Shabdon Me Rahti Hai Wah**, Kitabghar Prakashan, Delhi, India 2014, ISBN 9789383233298
- **Bhojpatra**, Antika Prakashan, Ghaziabad, India, 2015, ISBN 9789385013188
- **Garbh Ki Utran**, Antika Prakashan, Ghaziabad, India, 2016, ISBN 9789385013977
- **Aankhon Ki Hichkiyan**, Diamond Books, 2023, ISBN 9789356846616
- **Prose Anubhav aur Anubhutiyan**, Diamond Books, 2023, ISBN 9789359200279

Translation Work in Hindi

- Translation of the poems of some of the renowned poets including Derek Walcott.

- J. Krishnamurti's book **'The Magnitude of Mind'** in Hindi and published by Rajpal & Sons, Delhi

Documentary Film Production

Dr. Pushpita has made documentary films on the life and literature of **Shrilal Shukla, Prof. Vidya Niwas Mishra** and **Prof. Shivprasad Singh** of 3 hours each between 1987 and 1995. These were telecast by **Lucknow Doordarshan.**

Dr Pushpita has made **documentaries on the culture** and the nature of Suriname which was screened during the **7th World Hindi Conference in 2003.**

Organization of 7th World Hindi Conference

During the tenure at the Indian Embassy in Suriname, Prof. Pushpita took keen initiatives for two yars and cooperated the Indian government and the organizers with significant efforts in planning of the 7th World Hindi Conference in 2003.

She has been regularly partaking in various **World Hindi Conferences** as well as the **Frankfurt Book Fair in Germany**.

Creative Global Presence

Professor Pushpita has been involved in the promotion and propaganda of Hindi language, literature and Indian culture across Europe and countries with Indian diaspora. She has been cooperating with intellectuals, writer and cultre workers globally for creating literature. She is the Honorary Member of many such oganizaions. She has undertaken diplomatic and literary journeys to countries like Japan, Mauritius, Canada, USA, South America, South Africa, Australia, New Zealand, Caribben countries and many others.

Significant Achievements

- Senior Fellowship of **Indian Council for Cultural Relations (ICCR),** Ministry of Foreign Affairs,

Indian Government, 2019-2020

- **'Pravasi Hindi Sahitya Bhushan Award'** by Uttar Pradesh Hindi Sansthan
- Invited as a **Non-Resident Indian Writer** in 2019 by Mahatma Gandhi International Hindi University, Wardha, India
- **Gandhi Peace Award** 2019
- Nominated as part of the **official delegation by the Prime Minster's Office of India** for the **11th World Hindi Conference in Mauritius** from 18-20 August 2018.
- Filmization of Dr. Pushpita's poetry 'Prithvi' in Dutch and Hindi language by **NTR TV Channel of Netherlands** on 4 June 2017.
- Invitation to write a special chapter on the language, literature and journalism of Indian diasporas for the **Hindi Sahitya Gyan Kosh** (Shambunath Bharatiya Bhasha Parishad) in 2017.
- Special power-point presentation and recitation of poetry in the **Suriname House** & Leiden University.
- Prof. Pushpita's books are available in the libraries of Suriname Houses of Leiden, Amsterdam, the Hague of Netherlands and of Guyana, Trinidad and Mauritius.
- Research work being done in various universities in India and abroad on **more than 70 books authored** by Prof. Pushpita.
- Participation in the proposal and planning of the **7th World Hindi Conference in Suriname in 2003.**
- **First ever publication of in Hindi on Suriname's Hindustani literature in 2003.**
- Publication of two magazines in Suriname since 2003: **'Shabda Shakti'** and **'Hindinama'.**
- Production of a **documentary film on Suriname** which was telecast in the 7th World Hindi Conference in Suriname in 2003.

- Formation of two literary forums in Suriname in 2003: **'Sahitya Mitra'** and **'Vidyaniwas Suriname Sahitya Sanstha'.**
- Through its Dutch and Hindi channels Suriname TV telecasted weekly and monthly lectures on Hindi language, literature and Indian culture.
- Newspapers of Suriname - **De ware Tijd** and **Dagblad Suriname** - published articles on the work of Prof. Pushpita.
- Publication of **'Netherlands Diary'** on the life and culture of Netherlands by **Kitabghar Prakashan, Delhi - a first-ever book** of its kind in Hindi.
- A **CD of Pushpita's poetry** was released with the help of **Amsterdam Music Department and broad casted on Radio in Netherlands.**
- Interview with Noble laureate novelist **Orhan Pamuk** and **Derek Walcott.**
- A book of interviews with Prof. **Vidya Niwas Mishra** titled **'Sanskritik Alok Se Samvad'** was published by Bhartiya Jnanpith.
- Organized several **national and international seminars as Head of Hindi Department** in Vasanta College for Women, Varanasi, India.

In Suriname:

- 2001-2005: Organized a number of symposiums in collaboration with the History and Language Departments of Suriname University as an officer of Indian Embassy.
- **2003: 7th World Hindi Conference in collaboration** with the Indian Government.
- 2005: International seminars in **Trinidad and Guyana** in collaboration with Suriname Hindi Parishad.

In Netherlands and Europe:

- 2006-2018: Participation/organization of various

Embassy, Vrije University, **Gandhi Centre, Bharat Bhawan, FCCI, NICCT** and such reputed organizations as the director of Hindi Universe Foundation.

- 2014: A first-ever publication of an online literary magazine in Hindi from Netherlands: **Amstel-Ganga.** Ganga represents the Indian culture and Amstel represents the Western culture. Coming together of both the cultures is a need of the contemporary times.

Highlights

- Formation of three organizations in Suriname dedicated for Hindi in 2003: **'Sahitya Mitra', Vidya Niwas Suriname Sahitya Sansthan'** and **'Caribbean Hindi Sansthan'.**
- Propagation of Hindi literature and language in world including in Suriname through two magazines: **'Sahitya Mitra'** and **'Hindinama'.** She **established Hindi Universe Foundation in Netherlands in 2006**. Due to the efforts of the Foundation, following writers of Suriname got recognition and awards: **Pandit Haridev Sahtu in the 8th World Hindi Conference in New York, Shri Bhola Narayan in the 9th World Hindi Conference in South Africa** and **Shri Surjan Parohi in the 10th World Hindi Conference in India.**
- During her tenure at the India Embassy in Suriname, Prof. Pushpita helped in the development of Suriname Hindi Parishad, Guyana Hindi Parishad and Trinidad Hindi Nidhi. She also helped in creating **Caribbean Hindi Sansthan** (organizations) in the following Caribbean Countries: Venezuela, Saint Lucia and Curacao. She was also the president of these organizations for two and a half years.
- Eminent Scholars from many countries including India, such as James Ramlal, poet Jeet Narain,

Shriniwasi from Suriname, Shri Janaki Prasad Singh, Prof. Vishwananth Prasad Tiwari, Prof. Kamal Kishor Goenka, poet Leeladhar Mandloi, Prof. Revati Raman, Prof. Om Nishcal and Shri Rajendra Upadhyaya have written articles on the works of Prof. Pushpita Awasthi.

- 'Pushpita Sahitya Sansar': An interview of Pushpita Awasthi on Lok Sabha TV.
- Participation in Lucknow Literary Festival in 2016 and Dehradun Literary Festival in 2018.
- In collaboratioin with the Indian literary-cultural organization called 'Adhashila', Hindi Universe Foundation of Prof. Pushpita Awasthi organized an international Hindi conference in Netherlands.
- Pushpita is the first Hindi author who has done **world tour of 117000 Km on a ship.**
- Pushpita is known to Dutch newspapers and **NTR channel** where her writings are still published. German-Dutch poet Herman van Veen is among the distinguished personalities who appreciate her poetry.
- She is also the first scholar of Amar Indian society, culture and literature.
- Scholar of Naturopathy and Yoga.
- Since 2001, she has been active in the promotion of Sanatan Indian culture in the temples of Suriname and Netherlands.

Work related to Hindi Teaching

- Publication of two magazines for giving basic introduction of Hindi **'Hindinama'** and **'Shabdashakti'.**
- While living in Suriname ran weekly classes for learning creative writing on Saturdays from 2001 to 2005.

- Conducting Hindi exams for **Suriname Hindi Parishad** for 5 years.
- Re-introduction of Hindi Kovid Exams in Suriname.
- Hindi talks and discussions through **Radio in Suriname** and neighboring countries and in Europe.
- Transcribed, edited and published works of poets, playwrights and story writers from Surinamese and Roman scripts into Devanagari script.

Publication in Newspapers and Magazines

Work of Prof. Pushpita has been published in all reputed print media in India for the last 40 years:
Kadambani, Navbharat Times, Hindustan, Dainik Jagaran, Aaj, Pahal, Vasudha, Kathadesh, Aksharam, Garbhnaal, Vagarth, Bahuvachan, Dastavej, Lamahi, Hans, Vartman Sahitya, Poorvagrah, Naya Gyanodaya and many more.

Contact Details:

Prof. Prof. Pushpita Awasthi
President, Hindi Universe Foundation Postal

Mobile: 0031-630410778
0091-7058462951

Email: pushpitaawasthi1960@gmail.com;
info@pushpitaawasthi.com

Website: www. pushpitaawasthi.com

National President–Sant Vinoba Bhave Acharyakul
Global Ambassador for World Peace Centre Alandi & MIT University, Pune Maharastra

Postal Address Netherlands:
PO Box 1080, 1810 KB Alakmaar, Netherlands

Postal Address India:
110 Warud Road, Doctor's Colony Sewagram, Wardha-442001 Maharashtra-Bharat

DIAMOND BOOKS
www.diamondbook.in

Address In India :

Book Can be Had From Diamond Books :

X-30, Okhla Industrial Area, Phase-2, New Delhi-110020

Email : nk@dpb.in, Mobile : +91-9810008004

Website : www. diamondbooks.in

पुष्पिता अवस्थी

द्वारा लिखित पुस्तकें